Henri BOIS

PROFESSEUR A LA FACULTÉ LIBRE DE THÉOLOGIE PROTESTANTE
DE MONTAUBAN

Kant
et
l'Allemagne

Conférence donnée à la Salle de la Société d'Horticulture, à Paris, le 4 février 1916, sous la présidence de M. Samuel Rocheblave, professeur au Lycée Janson de Sailly et à l'Ecole des Beaux-Arts.

PARIS
LIBRAIRIE PROTESTANTE
(SOCIÉTÉ DES ÉCOLES DU DIMANCHE)
33, RUE DES SAINTS-PÈRES, 33
1916

KANT ET L'ALLEMAGNE

Henri BOIS

PROFESSEUR A LA FACULTÉ LIBRE DE THÉOLOGIE PROTESTANTE
DE MONTAUBAN

Kant
et
l'Allemagne

Conférence donnée à la Salle de la Société d'Horticulture,
à Paris, le 4 février 1916, sous la présidence de M. Samuel
Rocheblave, professeur au Lycée Janson de Sailly et à
l'Ecole des Beaux-Arts.

PARIS
LIBRAIRIE PROTESTANTE
(SOCIÉTÉ DES ÉCOLES DU DIMANCHE)
33, RUE DES SAINTS-PÈRES, 33
1916

KANT ET L'ALLEMAGNE (1)

Il est de mode, en Allemagne, d'affirmer la continuité de la pensée allemande depuis le XVIIIᵉ siècle jusqu'à nos jours et de soutenir que c'est le même idéal qui inspire soit la spéculation de ses philosophes classiques et en particulier de Kant, soit les paroles et les actes de ses diplomates, de ses ministres, de son empereur, de ses généraux et de ses soldats. La *Gazette de Francfort* proclame hardiment que « de l'impératif catégorique le sous-officier allemand est l'incarnation ». Le *manifeste des 93* se termine par ces mots : « Croyez que dans cette lutte nous irons jusqu'au bout en peuple civilisé, en peuple auquel l'héritage d'un Gœthe, d'un Beethoven et d'un Kant est aussi sacré que son sol et son foyer. » L'auteur de cet ouvrage volumineux et touffu qui s'intitule *La Genèse du* XIXᵉ *siècle,* Houston Stewart Chamberlain déclare que Kant est « si spécifiquement germa-

(1) Conférence donnée à Paris (Salle de l'Horticulture, 84, rue de Grenelle) le 4 février 1916.

nique qu'il en acquiert une signification typique... Kant exprime sous la forme la plus ample, la plus pure et la plus auguste notre culture germanique en son épanouissement... Il est le premier modèle achevé du Germain tout à fait libre ».

Ces assertions allemandes ont trouvé de l'écho chez nous (1). Et l'on voit tous les jours des Français s'évertuer à démontrer ou à soutenir que c'est la philosophie allemande et spécialement celle de Kant qui, en dernière analyse, est responsable, non seulement des théories des Treitschke et des Bernhardi, mais aussi de la manière dont les a réalisées la soldatesque allemande à Louvain et à Reims. Les penseurs catholiques faisaient depuis longtemps profession de détester Kant. Déjà avant la guerre les orthodoxes ne cessaient de renouveler contre les

---

(1) Et aussi en Angleterre. Voir dans le *Times* du 21 septembre 1914 une lettre signée « *Continuity* » et intitulée : La nouvelle barbarie (The New Barbarism). — Et aussi en Espagne. Le chanoine B. Gaudeau cite ces mots d'un Espagnol, M. Corominas : « Le soldat teuton vit dans un monde peuplé de chimères, plein d'entéléchies philosophiques, sûr qu'il est de l'avenir allemand ; il lutte pour la *Critique de la raison pure* ; Kant, Fichte et Hegel sont les aigles de ses drapeaux. » (La Croix, 3 février). Vraiment M. Corominas fait crédit au soldat teuton d'une érudition philosophique qui rend rêveur... Voyez-vous le soldat teuton au milieu de ses entéléchies !... Il y aurait même de quoi être jaloux... Quand ce ne serait que par esprit d'équité, M. Corominas est tenu de reconnaître que ce qui enflamme l'héroïsme de nos poilus, c'est la pensée enivrante qu'ils se battent contre Hegel, Fichte, Kant et la *Critique de la raison pure*...

modernistes, malgré leurs protestations, l'accusation de Kantisme. Il n'y avait pas d'apologie de Saint Thomas qui ne contînt quelque sarcasme à l'égard de celui que l'on considérait comme le rempart de l'agnosticisme et de l'hérésie protestante. Depuis la guerre, cette horreur du Kantisme s'est donné libre cours. Il y a sans doute des écrivains catholiques qui ont résisté à cet entraînement, comme M. l'abbé Clodius Piat, M. de Wulf, professeur de philosophie à Louvain et à Poitiers. Mais les professeurs de l'Institut catholique, répondant aux intellectuels allemands, ont prétendu mettre au jour la racine profonde de l'erreur dont ceux-ci sont victimes comme des crimes dont ils se font complices. Et cette racine ne serait autre que l'orgueil individualiste issu de Kant (1). Mgr. l'Evêque de Versailles, dans une lettre pastorale (Carême 1915), a écrit : « Les Allemands prussifiés se sont mis à la remorque de Luther et de ses héritiers légitimes : Kant, Strauss, Haeckel, Nietzsche, Harnack, tous foncièrement anticatholiques. Nous les voyons à l'œuvre en Belgique et dans nos provinces du Nord. » Dans une interview publiée par l'*Opinion,* le R. P. Janvier s'est écrié : « Pour Kant, proclamant l'autonomie morale de l'individu, il suffit de rappeler le mot du Docteur

---

(1) La guerre allemande et le catholicisme, ouvrage publié sous la direction de Mgr. Alfred Baudrillart (Paris, Bloud et Gay).

Paulsen : « Kant est le philosophe du protestantisme. » Et dans le numéro de la *Croix* paru le 3 février, le chanoine B. Gaudeau soutient que la maxime : la force crée le droit, naît de la philosophie Kantienne.

Semblablement, Kant est depuis longtemps la bête noire des nationalistes. Déjà avant la guerre, dans les *Déracinés*, M. Barrès attribuait pour une bonne part au Kantisme enseigné par M. Burdeau l'empressement des jeunes provinciaux à fuir pour la perdition de leur âme la terre de leurs morts, « le sol et le groupe social où tout les relie ». L'un des héros du livre commet un assassinat. Sa fin est racontée dans un chapitre intitulé : *Déraciné, décapité.* Pourquoi est-il devenu voleur et meurtrier ? parce qu'il a eu un professeur de philosophie qui lui a enseigné la morale de Kant : voilà ce qu'il en coûte de subir « l'empoisonnement par le Kantisme ». Dans un ouvrage intitulé : *De Kant à Nietzsche*, M. Jules de Gaultier louait en 1900 M. Barrès d'avoir signalé la morale Kantienne comme un péril national : « Périlleux pour la race en ce sens qu'il irait à la stériliser, le triomphe du Kantisme en morale marquerait la mainmise d'un groupe étranger sur l'esprit national. En effet, le Kantisme est protestantisme... » (1). En revanche, M. de Gaultier ne

(1) De Kant à Nietzsche, p. 183.

voyait aucun péril national dans le triomphe de Schopenhauer, de Carlyle et de Nietzsche. Depuis la guerre, cette horreur du Kantisme s'est encore ici donné libre cours. Dans l'*Action française* du 15 décembre 1914, M. Charles Maurras voit dans « la barbarie scientifique allemande » « l'apothéose de son « moi » national, émanée directement et logiquement inspirée de l'individualisme religieux institué par Luther. Cette série : Luther, Rousseau, Kant, Fichte, avec un débouché vers Nietzsche, rend raison du pangermanisme, qui n'est expliqué que par là ». Dans l'*Echo de Paris* du 29 novembre 1914, M. Paul Bourget certifie qu' « un lien vivant rattache l'Allemagne idéaliste à l'Allemagne brutale » et qu' « une philosophie qui semblait inoffensive par l'excès de ses abstractions s'est réalisée, si l'on peut dire, dans cette mentalité sauvage dont le monde civilisé demeure étonné ». Il félicite les maîtres de l'Institut catholique d'avoir « osé toucher à Kant, et faire peser sur ce funeste génie une lourde part de responsabilité dans la déviation morale dont les savants et les artistes allemands nous ont donné la douloureuse évidence ». Dans la *Revue bleue* (août et septembre 1915), M. Pierre Lasserre assure que le pangermanisme des intellectuels vient de Kant (1). Dans le *Correspondant,* M. Léon

(1) Il était plus dans le vrai lorsque, dans un article publié par la *Revue hebdomadaire* du 7 novembre 1914, s'en prenant

Daudet, qualifiant la doctrine de Kant de « spécifiquement allemande et profondément individualiste », ajoute : « Pour tout Français qui réfléchit, se souvient et compare, Kant n'est pas moins redoutable que Krupp » (1). M. Edmond Laskine ne craint pas de traiter de « germanophiles » les critiques qui n'attribuent à Kant aucune responsabilité dans le bombardement de la cathédrale de Reims et le torpillage de la *Lusitania*. Et M. Georges Blondel rappelle que « M. Edmond Perrier estime que la philosophie de Kant a produit un véritable déraillement dans la philosophie allemande. Le Kantisme aide à comprendre cette floraison de mensonges, de fourberies, de trahisons qui nous plonge dans la stupeur » (2).

non à Kant, mais à Fichte, il écrivait : « Ce fut le philosophe Fichte qui, dans ses Discours à la nation allemande (1808), fournit au nationalisme germanique sa philosophie et sa formule auxquelles il est depuis resté fidèle : le « pangermanisme » n'en est que la stricte application. »

(1) L'article a été publié en brochure sous ce titre : Contre l'Esprit allemand. De Kant à Krupp. (Pages actuelles, Bloud et Gay, éditeurs).

(2) L'antikantisme s'infiltre de plus en plus dans la littérature. Dans un livre d'ailleurs très beau (Les paroles secrètes, de Reynès-Monlaur) on peut lire ces lignes : « C'est la femme la plus tranquillement, la plus orgueilleusement incroyante que j'aie rencontré de ma vie... Elle ne jure que par Kant et tous les philosophes allemands. » Dans *Trois poèmes de guerre*. M. Paul Claudel fulmine l'anathème « contre leur Gœthe, et leur Kant, et leur Nietzsche, et tous ces souffleurs de ténèbres et de pestilence dont le nom même fait horreur — et contre leur père à tous, l'apostat Martin Luther, qui est avec le diable. »

M. Daudet raconte qu'aux environs de 1885, à Louis-le-Grand, il eut pour professeur de philosophie Burdeau qui inculquait à ses élèves méthodiquement, intensément, le criticisme Kantien. Il s'étonne de ce contraste : Burdeau « panachant d'allocutions patriotiques ses conférences sur le philosophe de Kœnigsberg ». « C'était là un des mélanges les plus bizarres qu'il soit possible d'imaginer. Moins bizarre, cependant, si on songe « aux passions violentes qui l'animaient » et « si l'on considère que Burdeau chérissait surtout en Kant l'apôtre de Rousseau et l'adepte de la Révolution française ». — Sur quoi on peut se demander si M. Léon Daudet est animé de passions bien calmes et s'il ne déteste pas surtout en Kant « l'apôtre de Rousseau et l'adepte de la Révolution française » encore plus que l'Allemand. Il serait piquant à coup sûr d'abattre à la fois par la même arme le « crime allemand » et l' « erreur française ». Mais il serait difficile de faire admettre sérieusement que ces deux génies affrontés, celui de l'Allemagne impérialiste et celui de la France républicaine ne sont que deux frères qui s'ignorent et dont Kant est le père commun...

Est-ce bien dans un intérêt patriotique que l'on s'acharne ainsi après Kant ? Il est visible, au contraire, que les insinuations et accusations multipliées contre lui procèdent de préjugés et de passions qui n'ont rien à voir avec cette

guerre ni avec les sentiments d'un patriotisme
éclairé et qui, consciemment ou non, profitent
des événements pour se donner libre carrière
sous le couvert de sentiments généreux.

Je ne m'occupe ici que de Kant. En ce qui
concerne les autres philosophes : Fichte, Hegel,
tout en étant de l'avis de MM. Boutroux et
Delbos contre M. Basch (1), par exemple, sur
l'orientation décidément pangermaniste de ces
ténébreux penseurs, je comprends que l'on dis-
cute. Je ne comprends pas, je l'avoue, qu'il y ait
discussion possible sur Kant, tellement il est
évident, pour ceux qui l'ont étudié, qu'il n'est
en rien responsable de la mentalité allemande
contemporaine, qu'il l'a d'avance désavouée et
stigmatisée et que c'est chez lui, dans sa pensée
la plus explicite et la plus claire, que l'on peut
trouver la meilleure réfutation de l'impérialisme
teuton et le meilleur antidote contre son venin.

Toutefois qu'il n'y ait pas de malentendu. Ce
n'est pas en avocat que je viens parler ici, décidé
d'avance à trouver tout parfait dans la pensée
de Kant. Je viens parler en philosophe d'un philosophe. Aucun philosophe n'est omniscient. La

---

(1) Et aussi contre M. J.-H. Muirhead, professeur de
philosophie à l'Université de Birmingham, qui, dans un
livre intitulé *German Philosophy in relation to the war*,
soutient que « la nouvelle barbarie » a ses racines non dans
l'idéalisme de Kant, de Fichte et de Hegel, mais dans la
violente réaction matérialiste contre le mouvement idéaliste
tout entier — réaction qui a commencé peu après la mort
de Hegel.

philosophie n'exige de personne et n'accorde à personne l'infaillibilité à l'état permanent. Il est inévitable que des divergences s'accusent lorsqu'un philosophe parle d'un autre philosophe, même si celui-ci est un grand philosophe et celui-là un petit. Tout en étant persuadé de limitations personnelles qui paraissent particulièrement étroites lorsqu'on se trouve en face d'un géant de la pensée comme Kant, on se sent le droit de marquer en toute simplicité, en toute honnêteté intellectuelle, des réserves. J'aurais des réserves semblables à faire si je parlais de Descartes, de Malebranche, d'Auguste Comte. Seulement ces réserves, ce n'est pas parce que Kant est Allemand que je les fais, ni parce qu'il serait l'inspirateur de la philosophie militariste, c'est parce qu'il était homme, et qu'il n'est donné à aucun homme de voir la vérité totale, ni même de voir le peu qu'il en voit d'une manière absolument identique sur tous les points à celle dont la voit son prochain.

La philosophie de Kant doit être rangée à côté de celles d'Aristote, de Descartes, de Leibniz, de Berkeley et de Hume dans le patrimoine commun de l'esprit humain. Toutes ces grandes philosophies sont placées sur la voie royale où s'accomplit le progrès des connaissances humaines. C'est ce que reconnaissent tous nos maîtres en histoire de la philosophie. « Kant, a déclaré par exemple M. Boutroux, a découvert une conception nouvelle des choses dont l'examen s'impose désormais à quiconque veut philosopher... La doctrine de Kant n'est pas le reflet d'une époque ni même l'expression de la pensée d'un peuple : elle appartient à l'humanité. » L'œuvre de Kant fait face à la commune lumière de l'esprit humain et non pas aux horizons spéciaux du germanisme.

Charles Renouvier, dont Brunetière a dit que c'était « l'homme de France qui peut-être a le mieux connu Kant » (1) doute fortement qu'on puisse « appeler Kant un philosophe allemand, lui d'origine écossaise et dont la pensée s'écarte presque en tout de la tradition germanique » (2). Il ajoute que Kant « n'a nulle part été si profondément méconnu et comme non avenu que dans sa patrie et chez ses successeurs, qui ne savent jamais rattacher à son nom que d'inutiles arguties scolastiques » (3). Et M. Delbos s'étonne « que la philosophie de Kant ait pu naître et se développer dans une nation prédestinée au spinozisme par tous ses instincts intellectuels. On croirait volontiers que Kant a critiqué beaucoup moins la pensée humaine en général que la pensée germanique. Aussi sa philosophie a-t-elle

(1) Les Ennemis de l'âme française, p. 13, note.
(2) L'Esprit germanique et l'Esprit latin. Critique philosophique 1872, t. I, p. 166.
(3) Ibid. p. 163.

pour l'Allemagne quelque chose d'un peu para-
doxal » (1).

Le point de vue de Kant peut se résumer en
un mot : *l'autonomie de l'esprit*. C'est dire que
Kant est bien dans la ligne de tout le développement de la philosophie moderne. La philosophie moderne ne commence effectivement qu'avec
l'effort que fait l'esprit pour rentrer en lui-même
et se saisir immédiatement dans le phénomène
initial de conscience. Qu'est-ce que le doute méthodique de Descartes, cette résolution prélimi-
naire de mettre tout en question, sinon le rejet
des autorités extérieures ou traditionnelles et
des idées fondées uniquement sur la coutume ou
sur la parole d'un maître ? (2). Qu'est-ce que le

(1) Le problème moral dans la philosophie de Spinoza et
dans l'histoire du Spinozisme, p. 242-243.
(2) Le R. P. Janvier (interview publiée dans l'*Opinion* du
20 novembre 1915) a bien vu qu'un lien unit Kant à Descartes. Voici comment il le définit : « Le doute méthodique
cartésien n'est autre chose que l'application à la philosophie
du libre examen institué en religion par Luther... La France...
a souffert... par ce canal dérivé des conséquences intellectuelles de la Réforme allemande. L'Eglise voyait juste
lorsqu'elle mettait Descartes à l'Index. L'individualisme ainsi
déposé en germe dans la pensée philosophique française ne
fit que se développer parallèlement à l'évolution de l'individualisme religieux allemand. L'un et l'autre devaient aboutir
naturellement à une jonction explicite dans Rousseau et Kant. »
Ainsi, d'après le R. P. Janvier, Descartes aussi est Allemand.
Tout philosophe qui ne jure pas sur la parole de Saint Thomas est Allemand. Toute la philosophie moderne, y compris
la plus pure philosophie de France et d'Angleterre, est
Allemande. On admirera la simplicité de cette synthèse...
Et l'on y verra la preuve de l'impossibilité qu'il y a à séparer
Kant de toute l'évolution philosophique moderne dans son
ensemble.

principe cartésien de ne tenir pour vrai que ce qui paraît évidemment être tel, sinon la reconnaissance effective que la raison a sa loi en elle-même, c'est-à-dire la revendication triomphante de l'autonomie de la pensée ? Cette autonomie de la philosophie n'a cessé depuis lors de s'affirmer, de s'étendre et de s'approfondir avec Locke et Hume comme avec Leibniz et Kant, si bien qu'aujourd'hui la méthode d'autorité, quand elle se montre encore en ce domaine, n'apparaît plus que comme un surprenant anachronisme, et qu'il est vraiment enfantin de s'imaginer que la guerre actuelle pourra avoir pour effet de ramener l'humanité intellectuelle pénitente au moyen âge sous la férule de Saint Thomas. Kant voit dans les catégories des actes de la spontanéité du moi. L'esprit de l'homme les produit au nom de son besoin de connaître les choses. Le monde que nous percevons est un monde relatif et subjectif, car nous n'apercevons pas ce que sont les choses en elles-mêmes, indépendamment de leur relation au sujet. Le monde que nous percevons est notre œuvre, l'œuvre des formes de notre sensibilité et des lois de notre entendement, qui sont les instruments indispensables à la constitution même de l'expérience.

Et comme tout le progrès de la philosophie moderne s'est fait au fond par une *critique de la connaissance*, Kant se met à l'œuvre commencée et prolonge le travail de ses devanciers. C'est en critiquant les sens par la raison que Descartes

a distingué les qualités premières et les qualités
secondes de la matière, proclamé la subjectivité
des qualités secondes ressortissant aux sens et
l'objectivité des qualités premières ressortissant
à la raison. Cette critique, continuée chez les
successeurs de Descartes et les prédécesseurs de
Kant, Kant la poursuit. L'esthétique transcen-
dantale vient appuyer la critique que Berkeley
avait faite des qualités premières de la matière.
Par des arguments originaux et profonds qui
complètent ceux de Leibniz, Kant établit l'idéalité
du temps et de l'espace. Consacrant le progrès
philosophique auquel Leibniz avait donné une
forte impulsion en plaçant le principe de raison
suffisante à côté du principe de contradiction
d'une part et des sens de l'autre, Kant distingue
très nettement deux exercices de l'esprit : l'exercice logique et l'exercice rationnel. Il analyse
ce que Leibniz avait désigné en bloc sous le
nom de principe de raison suffisante et y trouve
tout le détail des formes de la sensibilité et des
concepts de l'entendement (1).

(1) M. Léon Daudet reproche à Kant la distinction fondamentale, irrémédiable, entre le noumène et le phénomène,
qu'il a l'air d'assimiler à la distinction entre le moi et le
non-moi, et encore à la distinction entre le « concevant et
le conçu, le percevant et le perçu, le sentant et le senti. »
Ignore-t-il vraiment que bien avant Kant, l'Anglais Berkeley
avait distingué deux genres d'existence : le percevant et le
perçu (« Esse est aut percipere aut percipi »), et qu'il rédui-
sait l'existence des êtres en dehors de l'homme à un simple
percipi ? Ignore-t-il que, bien avant Kant et Berkeley, le
Français Descartes distinguait entre l'existence objective,

Est-il nécessaire de faire observer qu'autonomie ne signifie pas indépendance absolue, encore moins souveraineté du caprice individuel, que l'esprit, créateur de formes, n'est pas l'esprit individuel, mais l'esprit humain en général, que ses formes et concepts ont une valeur universelle et nécessaire, et que, si Kant enseigne la relativité de nos connaissances, il entend par là qu'elles sont relatives aux formes et aux catégories de l'esprit humain et non de l'esprit allemand ? Kant est un *rationaliste* (1) par excel-

c'est-à-dire à titre de pure représentation mentale, et l'existence subjective, c'est-à-dire à titre de réalité indépendante de la représentation ? Ignore-t-il les liens qui rattachent Kant à toute l'évolution de la philosophie moderne à laquelle, depuis son initiateur le Français Descartes, ont participé sans distinction de nationalité le Français Malebranche, les Anglais Berkeley et Hume, l'Allemand Leibniz ? Mais on comprend bien la pensée de M. Daudet lorsqu'on lit : « Par cette fissure s'écoulera toute la substance philosophique que nous devons à Aristote, à Platon et à Saint Thomas. » Et ailleurs : « S'il nous faut une philosophie fondamentale, nous la trouverons, nous Français, une fois délivrés de Kant et de Fichte, nous la retrouverons dans Aristote et dans le thomisme, celui-ci tellement dédaigné de mon temps, c'est-à-dire après 1870, que pas une fois Burdeau ne prononça devant nous le nom de l'Ange de l'Ecole. De sorte que, même chez les plus studieux et les plus curieux d'entre nous, cette immense lacune ne put être comblée que plus tard. » Ce n'est pas à Kant seulement, c'est à toute la philosophie moderne que M. Daudet déclare la guerre. Il ne nous déplaît pas de constater que, pour battre en brèche la philosophie de Kant, c'est la philosophie moderne tout entière qu'on se trouve condamné à anathématiser... ou à ignorer.

(1) M. Daudet reproche à Kant de « détrôner la raison ». Il proclame que « tous les systèmes fondés sur le sensible au détriment de la Raison, soit en Allemagne, soit en France,

lence, et comme la raison est une et universelle, identique chez tous les hommes, à quelque époque et à quelque nation qu'ils appartiennent, à la différence du sentiment qui est par nature individuel et égoïste, comme devant la juridiction de la raison tous les hommes et toutes les nations sont égaux, il s'ensuit que la philosophie essentiellement rationaliste de Kant est une philosophie essentiellement universaliste, c'est-à-dire le contrepied exact d'une philosophie germanique.

Mais, nous objecte ici M. Pierre Lasserre, « l'égarement de la philosophie allemande part de Kant ; il a frayé le chemin à ces cosmogonies aussi ambitieuses que confuses, à ces vertigineuses métaphysiques » des Fichte, des Schelling, des Hegel. Les systèmes de Fichte, Schelling, Hegel, leur façon effroyable de philosopher, sont la mise en œuvre d'un principe issu

---

doivent se réclamer d'Emmanuel Kant. » Il répète, pour caractériser « le vertige nouveau » dont nous serions redevables à Kant qu'il réside « en la soumission progressive de l'intelligible au sensible, celui-ci absorbant de plus en plus celui-là. » Vraiment on ne sait par quel bout saisir ces fantastiques raccourcis où il ne manque qu'une chose, ce je ne sais quoi qui s'appelle la ressemblance. Faut-il croire que, trompé par le titre des ouvrages de Kant qu'il n'aurait pas lus : *Critique de la raison* pure, *Critique de la raison* pratique, M. Daudet a pris le rationaliste Kant pour... un empiriste ? Il nous montre par son exemple à quel point il serait utile d'avoir pris d'abord connaissance de ce que l'on désire *à priori* réfuter.

du Kantisme. Ils sont le fruit que le Kantisme
ne pouvait manquer de produire ».

Certes, il y a longtemps qu'Edgar Quinet
signalait dans le panthéisme allemand la source
cachée de toutes les erreurs et de tous les égare-
ments germaniques (1). Du panthéisme on peut
aisément déduire le fatalisme, la justification du
fait accompli, la glorification de la force, la
théorie de la mission divine du sabre, du droit
qu'ont les plus forts de s'estimer les plus méri-
tants et de punir les vaincus en les rançonnant,
en les opprimant, en les égorgeant. Mais Kant
n'était pas personnellement panthéiste. Et les
vrais disciples de Kant ne sont ni Fichte, ni

(1) M. Maurice de Wulf, dans sa brochure *Guerre et Philosophie* (Pages actuelles, Bloud et Gay) exagère lorsqu'il
veut faire du panthéisme le monopole des Allemands. L'Allemagne n'a pourtant pas inventé le panthéisme, et n'en a pas
non plus le dépôt exclusif. Giordano Bruno n'était pas Allemand. Spinoza, qui a exercé une si forte influence panthéiste
sur l'Allemagne et chez qui l'on retrouve les doctrines
germaniques actuelles sur la force créant le droit, Spinoza,
ce juif portugais, né en Hollande, n'était pas Allemand.
Il y avait certes du panthéisme dans les philosophies grec-
que et latine, quoique M. de Wulf estime que le panthéisme
est diamétralement opposé à l'esprit latin. Les plus illustres
docteurs catholiques, Italiens et Français, ont de tout temps
construit des systèmes aussi panthéistes que ceux des
penseurs allemands. Ce qui demeure — et sur ce point nous
sommes en plein accord avec M. de Wulf — c'est que,
allemand ou non, le panthéisme est admirablement approprié
à servir de base rationnelle à la philosophie militariste
que nous voyons à l'œuvre aujourd'hui et que cette guerre
est une puissante leçon de choses qui nous montre à quoi
peuvent conduire les principes panthéistes, ou monistes,
intrépidement appliqués.

Schelling, ni Hegel, ce sont le Français Lachelier (1), le Suisse Secrétan, et surtout les Français Renouvier et Pillon.

Pas plus que Descartes n'est entièrement responsable de Spinoza, pas plus Kant n'est entièrement responsable de la spéculation panthéiste qui l'a suivi. Elle a pu se rattacher à des germes de panthéisme contenus dans la philosophie de Kant, comme Spinoza s'est rattaché à des germes de panthéisme contenus dans la philosophie de Descartes. Mais ce sont d'autres influences et d'autres affinités que celles de Descartes et de Kant qui ont amené l'éclosion, l'épanouissement, la propagation ultra-féconde de ces germes. C'est après tout ce que M. Lasserre lui-même a noté dans ces lignes fort judicieuses : « On ne trouverait de caractères comparables à ceux des systèmes panthéistes allemands que dans les

---

(1) « La thèse sur le *Fondement de l'Induction* n'est qu'un épisode de l'histoire d'un système, histoire restée inédite, mais qui s'est développée devant huit promotions de l'Ecole Normale, depuis 1864 jusqu'en 1875. Ce système, aux parties fortement liées, portait la marque d'un attachement profond aux doctrines de Kant, d'une longue méditation sur ces doctrines, d'un effort des plus singulièrement heureux, non pour « continuer » le maître, ainsi que l'avaient tenté Fichte et Schelling, mais pour exécuter ce dont le génie allemand s'est toujours montré ou insoucieux ou incapable, un travail de revision par le menu, consistant à reprendre en sous-main l'œuvre de Kant, à la repenser en détail, à détacher successivement chacun des morceaux de la construction pour en achever le travail, s'il a été taillé trop vite, et à les ranger dans un ordre nouveau. » (Dauriac. Croyance et réalité. p. VIII-IX).

systèmes de la philosophie alexandrine qui est
une philosophie demi-orientale et dans la philosophie de Spinoza dont il est, en dépit de son
habit cartésien emprunté, permis d'en dire autant. Ne serait-il pas vrai qu'il y a, comme on
l'a souvent soutenu, dans la race allemande, des
affinités asiatiques ? J'en trouverais volontiers
un indice dans la nature des doctrines qu'ils ont
enfantées, dans la direction que la spéculation
métaphysique a spontanément prise chez eux
depuis qu'ils se sont émancipés de la commu-
nauté intellectuelle européenne. »

Il y a, sans doute, dans la doctrine de Kant
des germes ou des possibilités de panthéisme,
comme il y en avait chez Descartes. Kant, en
s'obligeant à chercher la réalité vraie en dehors
du temps comme en dehors de l'espace, s'est
obligé à chercher la réalité vraie, ultime, fondamentale, ailleurs que dans l'esprit ; car là où il
n'y a plus de temps, il n'y a plus d'esprit ; il est
compréhensible que ses successeurs en soient
venus, faisant litière des résultats acquis par
Berkeley et par Hume, à identifier avec la
substance du panthéisme ce mystérieux et inconnaissable noumène. Pourtant, il faut bien se rendre compte que ce n'est pas pour frayer les voies
au panthéisme que Kant a proposé la théorie du
noumène, c'est tout au contraire pour le repousser. Kant a en horreur le Spinozisme. Comme le
dit M. Delbos, « la tendance de l'Allemagne
à reconstituer le Spinozisme fut contrariée et un

instant arrêtée par la philosophie de Kant... La philosophie de Kant offre avec la philosophie de Spinoza un si frappant contraste, qu'on a peine d'abord à s'expliquer comment les doctrines allemandes issues du Kantisme se sont si aisément pénétrées de l'esprit spinoziste (1). » Dans l'univers tel que le conçoit Spinoza, il n'y a pas à proprement parler de devoir, mais un développement dans l'être. Et Kant est l'apôtre du devoir. Dans l'univers tel que le conçoit Spinoza, il n'y a pas à proprement parler de liberté, mais rien que le mécanisme de la nature. Le mécanisme de la nature, Kant ne le conteste pas, mais il n'entend pas lui sacrifier la morale. Comment accorder ces termes au premier abord inconciliables ? Cet accord est impossible, aux yeux de Kant, dans toutes les doctrines qui ne distinguent pas l'être donné dans le temps et l'être en soi, et le Spinozisme est bien le modèle achevé de ces doctrines. « Si l'on n'admet pas cette idéalité du temps et de l'espace, dit Kant, il ne reste plus que le Spinozisme. » Et il écarte « l'absurdité de l'idée fondamentale du Spinozisme ». Si, au contraire, on reconnaît que l'existence dans le temps est un simple mode de représentation empirique, le sujet moral peut s'affirmer, dans un monde intelligible, comme être en soi, comme *noumène*. Pour faire sortir du Kantisme le pan-

(1) Delbos. Le problème moral dans la philosophie de Spinoza, p. 242.

théisme spéculatif et dogmatique qui en est sorti, il a fallu, non seulement développer les germes qui pouvaient se trouver chez Kant, mais laisser de plus en plus à l'écart la partie du système de Kant à laquelle Kant tenait le plus, la partie morale (1). Car ce qui empêche Kant d'aboutir

(1) Le chanoine Gaudeau, dans la *Croix* du 3 février, déclare péremptoirement que « la Critique de la Raison pure est le tout de l'œuvre de Kant ». Et ensuite il reproche à Kant de « détruire », « et d'une façon absolue et incurable » la loi morale et le droit. Procédé de discussion vraiment puéril. Commencez par ôter de Kant toute la morale — ce à quoi, encore un coup, Kant tenait le plus — et puis vous reprocherez au Kantisme de ne rien contenir de moral ! — Les nationalistes, eux, suppriment la morale de Kant, non pas parce que c'est la morale de Kant, mais parce que c'est la morale, et que la morale du devoir gêne, non pas seulement leur polémique, mais leur propre pensée personnelle. Ils entendent mettre au service de la religion et de la France un nationalisme libéré de scrupules moraux excessifs. L'Impératif catégorique, évidemment, ne trouverait guère là sa place. Il n'y a donc pas lieu de trop s'étonner que M. Lasserre, si dur pour Kant, se montre si indulgent pour ceux des disciples de Kant qui ont le plus nettement jeté par-dessus bord l'héritage moral de Kant : Schopenhauer et Nietzsche. Tout en faisant sur eux quelques réserves, il les range sans hésiter dans la catégorie de ceux auxquels il fait l'honneur de les appeler « les Allemands européens et lisibles ». — Dans la *Petite Gironde* du 7 novembre 1915, M. Charles Derennes écrivait : « Il est curieux que Barrès lui-même, qui a lutté avec autant de lucidité que de vigueur contre le Kantisme. se soit, de son propre aveu, laissé influencer par un second groupe de philosophes allemands : Hegel, Fichte et Schelling. » Est-ce si « curieux » ? — Nous avons déjà vu combien M. Jules de Gaultier témoigne de tendresse à Schopenhauer et à Nietzsche. Il félicite Nietzsche d'avoir « assaini, après Schopenhauer, la *Critique de la raison pure*, en lui restituant son sens intégral. » (De Kant à Nietzsche, p. 353). — A vrai dire, MM. Lasserre, Barrès, Jules de Gaultier pensent et

pour son compte aux vertigineuses métaphysiques de ses successeurs, c'est, avec son esprit critique et rigoureux, son respect et son souci des données morales.

Nous voici de la sorte conduits à la *morale* de Kant.

Chez Kant, *l'autonomie de la morale* va de pair avec celle de la philosophie. La conscience n'est pas moins indépendante et souveraine que la raison. Le devoir, pour être reconnu comme tel, doit sortir de la loi impérative intérieure. Une autorité externe, quelque imposante qu'on l'imagine, ne suffit pas pour créer le sentiment de l'obligation. Ses prescriptions, pour strictes

---

parlent comme de bons Allemands, dûment prussianisés. C'est bien entendu à la France qu'ils appliquent ce que les Allemands appliquent à l'Allemagne, mais c'est la même doctrine ultra-nationaliste caractérisée par le même culte de la force et du succès. Que l'on médite des assertions comme celles-ci : « A la théologie métaphysique formulant avec Kant la primauté de la morale, il faut opposer sans ambages la primauté de la Force... Le Bien est une forme ancienne de la Force... La Force seule décide du Bien... Le concept du Bien relève expressément du concept de la Force et tient de lui tout ce qu'il vaut... Partout où la Force évolue et s'accroît, elle substitue aux formes anciennes du Bien et du Droit des formes nouvelles... Le Force est l'ancêtre vénérable duquel procède toute vertu... » (De Kant à Nietzsche, p. 242-243. 245). Qui parle ainsi ? Bernhardi, Treitschke, M. de Bethmann-Hollweg ? Non. C'est le nationaliste M. Jules de Gaultier, qui énonce tout tranquillement, en les prenant à son compte, les pires erreurs de l'impérialisme militariste des Panprussiens. Voilà ce qu'il en coûte de subir « l'empoisonnement... de l'anti-kantisme » !

et solennelles qu'elles soient, du moment qu'elles viennent uniquement du dehors, sont tenues pour arbitraires et restent hors de la sphère morale proprement dite.

Kant, a déclaré son disciple français Renouvier, « Kant le premier a donné à la morale un fondement scientifique. Kant est le créateur de la morale comme science. On lui connaît d'autres titres de gloire : il faut lui accorder aussi celui-là, qui est le plus grand de tous » (1). Le problème moral conçu dans sa plus haute généralité renferme deux grandes questions : question des caractères ou de la forme de la loi morale, question de l'objet ou de la matière de la loi morale. Répondre à ces deux questions, c'est poser les bases de la science du devoir ; c'est précisément ce qu'a tenté Kant dans ses *Fondements de la métaphysique des mœurs.*

Il s'est d'abord attaché à déterminer les caractères de la loi morale. Comment l'obligation se présente-t-elle à l'esprit ? Comme une loi que la raison impose à la volonté, comme une prescription, un commandement : de là le nom *d'impératif* que lui donne Kant. Mais il y a deux sortes d'impératifs, les impératifs *hypothétiques* et l'impératif *catégorique.* Les premiers sont ceux qui prescrivent une action comme moyen pour quelque autre chose. Si tu veux atteindre tel but,

(1) Critique philosophique. 27 mars 1873. P. 112.

emploie tel moyen. Cette prescription est évidemment conditionnelle, relative ; elle suppose une certaine fin à laquelle elle est subordonnée, et qui, elle, n'est pas objet de commandement et reste arbitraire. Comme ce but ne s'impose pas à la volonté, nous pouvons toujours y renoncer, et par là même nous affranchir du précepte qui ne porte que sur le moyen en tant que moyen. Mais il y a un impératif qui est inconditionnel, absolu ; c'est cet impératif appelé par Kant *catégorique* qui constitue l'obligation ; il nous commande immédiatement une certaine conduite sans avoir lui-même comme condition une fin pour laquelle cette conduite ne serait qu'un moyen. En séparant l'impératif catégorique des impératifs hypothétiques, Kant a délimité le champ de la morale, il a séparé la morale de l'hygiène, de l'économie domestique ou politique, de l'utilitarisme aussi bien que de l'esthétique.

De l'absoluité et de l'invariabilité de l'impératif catégorique dérive son *universalité*. Nous le concevons comme une loi qui s'impose à tout être libre et raisonnable ; ces deux idées : agent libre et raisonnable, obligation ou impératif catégorique, sont inséparables dans notre esprit. De là la formule du premier principe de Kant, le principe d'*universalité* : *Agis de telle sorte que la maxime de ton action puisse être érigée par la volonté en une loi universelle.*

Mais en vertu de quoi est-il possible ou impossible à la volonté d'universaliser telle ou telle maxime ? Au critère d'universalité, ne faut-il pas en joindre un autre qui permette de distinguer les maximes universalisables de celles qui ne le sont pas ? C'est précisément ce que fait Kant, et c'est ainsi que, passant des caractères, de la forme, à l'objet, à la matière de la loi morale, il pose le principe de dignité : *Respecte la personne humaine en toi et en autrui.*

Principe d'universalité et principe de dignité : ces deux principes s'accordent à merveille et s'impliquent mutuellement. Car la seule règle qui puisse être érigée en loi universelle, et à laquelle doivent pouvoir se ramener et se subordonner toutes les maximes de nos actions particulières, c'est bien d'agir toujours et partout de telle sorte que nous traitions l'humanité, soit dans notre personne, soit dans la personne d'autrui, comme une fin, et que nous ne nous en servions jamais comme d'un moyen (1).

Ces deux principes, est-il besoin de le dire ? Kant ne les a pas inventés, il les a simplement découverts. Car ils ont toujours été donnés implicitement à la conscience et ce sont eux qui ont, au fond, toujours servi de critères pour tous les jugements moraux. Toutes les réclamations de la justice, en présence des faits, ont supposé

---

(1) « Si je veux être une fin pour les autres, et je le veux assurément, il faut bien que je veuille aussi, pour que ma maxime en cela devienne une loi universelle et reçoive un caractère obligatoire, que les autres soient à leur tour des fins pour moi. » (Kant, Doctr. de la vertu).

que l'agent raisonnable devait être traité de fin en lui-même et non de simple moyen ; et toutes les tentatives de législation, morale ou juridique, ont supposé l'existence d'un certain dictamen, commun à tous les agents raisonnables dans les mêmes circonstances, dictamen nécessaire en son genre et prenant la forme d'une obligation de conscience.

Ce n'est pas tout. En proclamant la primauté souveraine de la morale, Kant, comme l'a dit M. G. Richard, « a achevé une réforme égale en importance à celle de Socrate, supérieure à celle de Descartes, une réforme qui fermait la période de l'intellectualisme ouverte par la Renaissance et inaugurait une phase nouvelle où les problèmes de l'action allaient prendre autant d'importance que ceux de la connaissance » (1). Depuis Kant, la philosophie n'est-elle pas, dans tous les pays, un effort pour élucider les rapports de la connaissance et de l'action, et pour faire à l'action la part la plus grande dans la formation et l'orientation de la connaissance ? « Il fut un temps, écrit Kant lui-même, où je croyais que la quantité des connaissances était la vraie mesure de la valeur d'un homme ; et je méprisais la foule, qui n'est pas savante. Rousseau a redressé mon jugement. Le prestige s'évanouit, et j'apprends à honorer l'homme. Je me jugerais

____

(1) La question sociale et le mouvement philosophique au XIXᵉ siècle, p. 2.

cent fois plus inutile que le plus humble travail-
leur, si je ne pensais que, grâce à ces réflexions
mêmes, je suis désormais en mesure d'employer
mes connaissances à rétablir les droits de l'humanité. » Qu'est-ce à dire, sinon — et combien
cela est éloigné de la mentalité teutonne de nos
jours ! — que la science, la culture purement
scientifique et intellectuelle ne doit plus préten-
dre au premier rang parmi les perfections de
l'âme humaine et que le développement de la
science et de l'organisation scientifique, si mer-
veilleux soit-il, n'est pas, chez l'homme, la vertu
par excellence ? Ces choses, en réalité, sont encore hors de l'homme ; l'homme même est
ailleurs.

Kant trouve la réalité ultime et absolue, non
dans l'intelligence, mais dans la conscience morale. La science, produite par l'intelligence,
n'atteint que l'apparence ; en se représentant les
choses, abstraction faite de leur valeur morale,
comme une succession d'événements rigoureuse-
ment enchaînés les uns aux autres, dans l'espace
et le temps, par le lien de fer de la causalité
naturelle, elle se forge de la Réalité absolue une
image inexacte. Au contraire, l'homme de bien
qui prend pour guide sa conscience morale et
place l'idée de devoir au centre de sa vie et de
ses efforts, possède par là, non pas une connaissance de la réalité, mais la réalité même. De là
la portée *morale* de la distinction entre les phénomènes et les noumènes. Ce que Kant entend

par le monde des phénomènes, c'est le monde *scientifiquement connu,* l'image ou la notion que l'esprit humain se fait de la réalité par ses facultés exclusivement intellectuelles, et en éliminant ses aspirations morales. Et le monde des noumènes, c'est la réalité indépendante de cette représentation scientifique, la Réalité elle-même, que nous sentons, devinons, possédons bien mieux, que nous *sommes.* Il ne faut donc pas opposer deux *mondes* (que l'on est trop enclin à se figurer, à l'exemple des choses matérielles hors de nous, comme deux étages superposés, dont les rapports sont alors inintelligibles, l'un étant dans l'espace et le temps, et l'autre au-dessus), mais deux *façons d'envisager* la réalité, deux modes de juger les choses, deux points de vue de notre esprit. Dès lors, on comprend que le même acte de notre vie psychique puisse être à la fois nécessaire et libre, puisqu'il ne s'agit plus là *pour lui* de deux manières d'exister ; mais *pour nous* de deux manières de le considérer dont une seule est... vraiment vraie. Lorsque Kant dit que la même action est *nécessaire* dans le monde des phénomènes, et cependant *libre* dans celui des noumènes, il faut entendre par là que bien réellement elle est libre et son auteur responsable, quoique nous en soyons réduits à la considérer comme nécessitée par les incidents antérieurs si nous voulons l'enrôler à leur suite, la *comprendre* dans la conception intellectuelle que nous nous faisons de l'ensemble des choses.

Car aux yeux de notre intelligence, les événements du monde resteraient pêle-mêle et sans rapports précis dans les cadres illimités de l'espace et du temps, si, pour les y fixer chacun à sa place et les y relier définitivement entre eux, nous n'y tendions d'avance, *a priori,* le canevas inflexible de la nécessité naturelle. Mais la mosaïque rigide que nous obtenons ainsi n'est pas la reproduction exacte de l'Etre dans son essence et sa souplesse créatrices. Ces cadres et ce canevas, que notre pensée tire de son propre sein comme l'araignée sa toile, ne s'appliquent pas à l'Absolu et ne l'emprisonnent pas, et la science expérimentale dont ils sont la condition *sine qua non* et l'indispensable charpente, n'est que la fantasmagorie à laquelle l'esprit humain aboutit lorsqu'il veut reproduire, sous forme d'image et de représentation objectives, une réalité dont l'essence n'est aucunement susceptible d'être représentée, ni conçue, mais seulement éprouvée — et vécue.

Là-dessus, M. Paul Bourget attaque vivement la conception de la *liberté* chez Kant, et, faisant allusion à l'enseignement de son professeur de lycée, M. Charles, il écrit : « A la distance des années, je comprends que son judicieux esprit se débattait contre une évidence qu'un de ses élèves, M. Elie Rabier, devenu lui-même un des professeurs distingués de l'Université, a reconnue dans ses *Leçons de Philosophie.* Après avoir analysé la théorie de Kant sur la liberté et montré qu'elle n'est qu'un déterminisme mal déguisé par la distinction célèbre entre l'*Homme phénomène* ou l'homme engagé dans le temps et l'homme éternel ou *Noumène*, M. Rabier conclut : « La morale de Kant demeure un *pium desiderium*, une spéculation oiseuse sur un genre de vie qui aurait pu être, mais qui n'est pas et ne peut plus être, un édifice majestueux et inutile. » Cette contradiction ruineuse, M. Charles la voyait, et il ne voulait pas la voir. »

On oublie, répliquerai-je, les idées exposées par Kant dans son ouvrage sur *La religion dans les limites de la raison,* où Kant admet, proclame la possibilité et la nécessité d'une transformation radicale de l'homme, d'une conversion morale, qui, accomplie dans le noumène, se manifeste et s'exprime dans la vie sensible de l'homme phénomène. Même si l'on n'accepte pas telle quelle la conception Kantienne de la liberté, il est excessif, injuste et erroné de soutenir que la morale de Kant n'est qu'une spéculation oiseuse sur un genre de vie qui aurait pu être, mais qui n'est pas et ne peut plus être. On peut d'ailleurs différer d'avis avec Kant sur la définition et la conception de la liberté, sans qu'il y ait là la moindre raison, je dirai même le moindre prétexte, pour attribuer à Kant la paternité de la mentalité allemande actuelle. Et qui plus est, il est aisé de modifier sur ce point la doctrine de Kant sans modifier les idées essentielles de sa morale, sans toucher aux grands principes d'universalisation des maximes, de respect de l'humanité en soi et en autrui (1).

Il suffit de contester l'assimilation que Kant fait du temps et de l'espace et qui est à la base de ce dualisme étrange de deux façons de juger, dont l'une nous donne une connaissance précise, scientifique, expérimentale, utile pour la vie matérielle, mais fausse en soi — et dont l'autre nous place dans la réalité dernière elle-même, mais ne nous en fournit aucune connaissance. Cette assimilation du temps et de l'espace qui conduit à mettre la réalité ultime en dehors de la connaissance est en réalité une inconséquence dans le point de vue Kantien. D'où vient, si le temps n'est qu'une forme de sensibilité toute pareille à l'espace, que ce soit à travers le temps que l'espace arrive à la conscience, que ce soit grâce au temps que l'esprit applique ses déterminations à l'espace ? Il y a plus. Kant s'appuie sur la causalité pour affirmer l'existence des noumènes. En établissant entre le noumène et le phénomène une relation de cause à effet, il reconnaît implicitement que le temps, impliqué dans l'idée de cause, a une valeur absolue, il soumet les réalités absolues au temps. De même

(1) « Je tiens, écrivait Renouvier, que les erreurs de Kant peuvent être corrigées, suivant les principes mêmes du criticisme : je continue à me rattacher sérieusement à ce grand Réformateur, malgré les modifications très graves que j'essaie d'apporter à son œuvre. » (Science de la morale, I, p. 110).

il attribue au noumène la liberté, la moralité. A moins d'en faire des mots vides de sens, l'obligation implique l'idée de fin, comme la liberté implique l'idée de cause. Et les idées de cause et de fin impliquent l'idée de succession, c'est-à-dire de temps. Et voilà derechef le noumène soumis à la loi du temps. Ainsi le temps se montre à nous, de par les principes Kantiens eux-mêmes, comme ayant une valeur supérieure à celle de l'espace, bien plus comme ayant une valeur absolue.

D'autre part, l'assimilation du temps à l'espace n'est fondée chez Kant que sur la confusion du temps avec son symbole spatial, une ligne sur laquelle se meut un point. Mais le temps n'est pas de l'espace. Il faut, dit M. Bergson, dégager la durée vraie du temps spatial. Il faut, avait déjà dit M. Pillon, en revenir à Descartes qui avait su résister aux entraînements de l'imagination spatiale et concevoir le temps comme purement discontinu.

Le temps étant ainsi dissocié de l'espace, il apparaît que l'espace n'est que la forme contingente de certains esprits créés avec la sensibilité visuelle et tactile, et que le temps est la forme nécessaire de tous les esprits, de tous les êtres. Et dès lors, le noumène se remplit, se précise. Déterminé par les catégories du temps, de la causalité, de la finalité, de la liberté, porteur de la loi morale, agent responsable, sujet affectif, raisonnable et volitif, le noumène devient synonyme de l'esprit. Cette transformation du Kantisme en un monadisme enrichi, où les noumènes devenus monades s'opposent aux phénomènes spatiaux, élimine le péril et le germe de panthéisme que pouvait contenir le criticisme de Kant. Et la liberté, au lieu d'être reléguée dans je ne sais quel monde inconnaissable, s'installe au cœur même de l'esprit qui est la réalité vraie sous les apparences sensibles.

Après la conception de la *liberté,* c'est la conception du *devoir* qu'on attaque.

M. Lasserre reproche à Kant de n'avoir pas ramené le devoir à l'obéissance d'une créature faible à une volonté supérieure. Kant nous paraît avoir eu bien raison de repousser ce qu'il a appelé l'hétéronomie. Comment cette volonté supérieure aurait-elle « le droit sacré de nous commander » si elle n'était pas juste, bonne, sainte, c'est-à-dire conforme à la conscience qu'elle suppose donc au lieu de l'expliquer ?

M. Lasserre reproche encore à Kant, sans trop se préoccuper de mettre ses divers reproches d'accord entre eux, de n'avoir pas vu dans le devoir tout simplement « le moyen de mettre notre conduite d'accord avec nos aspirations les plus durables et de réaliser la plus grande richesse et la plus grande beauté de notre nature », ou « l'expression des nécessités ou des convenances sociales, condition de notre intérêt bien entendu, instrument de notre véritable bonheur ». C'est-à-dire il reproche à Kant de n'avoir pas réduit le devoir au sentiment esthétique, ou à l'intérêt, ou au bonheur. « Si le Devoir nous obligeait à l'un ou l'autre de ces titres ou à tous ces titres à la fois, il serait chose subordonnée à autre chose ; or il est souverain et absolu. Il se révèle à nous par un décret « catégorique » qui n'a de fondement et de raison qu'en lui-même... » Mais si le devoir nous obligeait à l'un ou l'autre de ces titres, ou à tous ces titres à la fois, il pourrait nous séduire, nous émouvoir, nous attirer, nous diriger, mais il ne pourrait pas nous obliger. D'impératif catégorique, il redescendrait au rang d'impératif hypothétique, « *subordonné* » comme le désire M. Lasserre, et non plus absolu comme le veulent la conscience et Kant. C'est la gloire immortelle de Kant d'avoir dissocié la notion morale du devoir de tout ce qui n'est pas elle et de tout ce avec quoi les Grecs l'avaient laissée confondue et mêlée, l'esthétique et l'utilité. M. Lasserre nous retransporterait dans cet état d'indistinction confuse où se trouvait la morale avant le Christianisme et en dehors de l'Hébraïsme.

M. Lasserre, en effet, estime qu'il est possible de « décomposer le devoir en ses facteurs qui sont la nature et l'éducation ». Il n'y voit que « traditions, expériences, mœurs, bon sens, discipline de l'enfance, appels longuement répétés à la raison, à la crainte, au cœur, à l'honneur, habitude de l'âme, puissance de l'habitude ». Et c'est au terme de cette analyse dont la brièveté superficielle fait si petite figure auprès des magistrales analyses de Kant qu'il s'écrie avec une surprenante satisfaction : « Voilà ce que nous montre la plus modeste et la plus familière connaissance de l'homme. Il est vrai qu'il ne faut pas juger de ce qui est familier à des Allemands sur ce qui l'est à des Français. » Il y a des Français qui préféreront encore les analyses de Kant à celles de M. Lasserre, je songe à Renouvier, à Pillon, à M. Delbos, à M. Boutroux. Et lorsque M. Lasserre déclare : « Le manque foncier de psychologie que Nietzsche reprochait aux Allemands... je le constate de façon flagrante dans la théorie de l'Impératif catégorique », je me souviens de la parole tellement plus juste et plus vraie de M. Pillon : « Il faut entendre Kant et se convaincre que son génie d'observateur égale son génie de critique et de dialecticien. » Et lorsque M. Lasserre déclare : « Il fallait être Allemand pour donner à l'idée humaine du devoir ce visage moins divin que monstrueux », je réponds : Il fallait être un moderne influencé par la religion morale et universaliste de l'Hébraïsme et du Christianisme pour édifier, suivant les paroles de M. Brunschvicg, la doctrine où la loi du devoir a été le plus complètement dégagée de toute alliance étrangère, où la valeur absolue de la conscience morale a été affirmée avec le plus de netteté (1).

Mais avec tout cela nous n'avons pas encore vu comment la théorie de Kant sur l'absoluité souveraine du devoir pourrait faire de lui le père du pangermanisme actuel qui immole le devoir à l'intérêt de l'Etat, aux passions ambitieuses et cupides d'un peuple. Voici l'argumentation tendancieuse de M. Lasserre : Après avoir reproché à Kant de diviniser un fait humain, le devoir, il écrit ces lignes dont on appréciera la candeur : « Il est vrai que ce fait était le Devoir et cela valait mieux que si c'eût été la passion, la brutalité ou la violence. » M. Lasserre veut bien reconnaître qu'il vaut mieux donner la suprématie souveraine au Devoir qu'à la passion, à la brutalité ou à la violence. Constatation intéressante. Aveu digne d'être retenu. D'où il résulte qu'il vaut tout de même mieux être Kant que von Bethmann-Hollweg ou le Kaiser, et que décidément Treitschke, Bernhardi, von Bulow ne sont pas identiques à Kant. Mais ne nous pressons pas de triompher. *Cela valait mieux...* mais au fond, d'après M. Lasserre, cela ne valait pas grand' chose quand même. Car « il avait fallu pour cela que Kant faussât la notion réelle et vraie du devoir ; il suffisait de procéder de la même manière à l'égard de toute autre tendance,

(1) La culture allemande et la guerre de 1914, par Léon Brunschvicg (La paix par le droit, 10-25 janvier 1915, p. 7).

disposition ou impulsion de l'âme et de l'entourer
également de ténèbres favorables pour n'être pas
moins fondé à lui décerner le titre suprême ».
Et M. Lasserre invoque Fichte qui a fait « du
moi tout entier le centre, le dominateur universel
des choses » ; et « les romantiques allemands »
qui « choisiront, parmi toutes les manifestations
du moi, celle à laquelle il leur plaît d'attribuer
de préférence les honneurs dûs au divin. Pour
l'un, ce sera la passion exaltée, pour un autre la
rêverie et l'indolence contemplatives ». Et il
cite Schleiermacher qui « enseigne que la vraie
religion ne peut être sentie que par les seuls
Allemands. ...De telles propositions à celle qui
présenterait l'Allemagne elle-même comme l'objet
de la religion, je demande quelle est la distance.
Le pangermanisme des intellectuels est né de
là. » *De là...* d'où ? de Schleiermacher, des romantiques, de Fichte ? c'est bien possible, et ce
n'est pas d'eux que je m'occupe. Mais de Kant ?
je le nie, et j'invoque ce bon sens « que nous
recevons de nos classiques et respirons dans l'air
de la société », et ces « clartés qui ne supposent
pas seulement une intelligence affinée, mais une
âme policée et capable de modération ». A qui
espère-t-on faire croire, sinon à ceux qui sont
déjà convaincus par autre chose que la passion
de la vérité pure, qu'en divinisant le devoir
Kant ait préparé les voies à ceux qui divinisent
le contraire du devoir : la passion, la brutalité et
la violence ? qu'en proclamant la valeur souve-

raine et absolue du bien moral, il ait préparé les voies à ceux qui détrônent le bien pour lui substituer le mal ? Décidément, non, le pangermanisme des intellectuels n'est pas né de Kant. Car il est le contraire de Kant. Et veut-on que nous disions ici toute notre pensée ? Des attaques contre le Kantisme conçues dans un tel esprit seraient des plus propres à prussianiser notre civilisation française, et à la faire déchoir dans ses aspirations et ses principes au niveau du pangermanisme. Le plus sûr moyen d'aider la passion, la brutalité et la violence à s'emparer des volontés et des cœurs et à déterminer les conduites, c'est d'affaiblir, comme on cherche à le faire, la notion réelle et vraie de l'impératif de conscience, c'est de n'y voir que quelque chose de relatif, de subordonné, c'est de diminuer son autorité, car c'est diminuer l'autorité de cela seul qui est susceptible de s'opposer à la passion, à la brutalité et à la violence. Plus que jamais, il importe d'affirmer avec Kant qu'affranchi de toute considération particulière de plaisir ou d'intérêt, supérieur à toutes les contingences de la vie quotidienne, le devoir s'impose avec la même rigueur absolue, en toute circonstance, à toute volonté raisonnable.

Mais précisément, c'est le principe de l'*universalité des maximes* qui a été le plus violemment attaqué par les écrivains catholiques et nationalistes. Développant les indications du manifeste

de l'Institut catholique, MM. Paul Bourget et
Léon Daudet ont prononcé contre ce fameux
principe de brillants réquisitoires au cours des-
quels ils se plaisent à rappeler les enseignements
de leurs maîtres respectifs de lycée, M. Charles
et M. Burdeau. Faut-il dire que les élèves ne
paraissent pas avoir très bien saisi ou retenu les
leçons de leurs professeurs ? D'ailleurs ils ne
semblent pas non plus s'être donné la peine de
préciser et de rafraîchir leurs souvenirs loin-
tains de collège par une étude personnelle récente
de la question.

Voici, par exemple, M. Paul Bourget qui
écrit : « Nous inviter à juger par nous-mêmes
si « la maxime de notre action peut devenir un
principe de législation universelle », c'est faire
appel en nous à toutes les illusions de l'amour-
propre, sans que nous puissions nous en rendre
compte, c'est nous provoquer au pire des indivi-
dualismes, celui qui s'institue le despote moral
des autres... Considérez maintenant ce que devient ce principe Kantien, pratiqué non plus seulement par un individu, mais par tout un peuple:
dans l'espèce, le peuple allemand... »

Et voici M. Daudet qui s'écrie : « Arrêtons-
nous sur ces paroles, mères de tant de déchaîne-
ments, comme sur un moment décisif... Voici
Fichte, Stein et Bismarck, le nationalisme guerrier allemand issu du criticisme Kantien, par
extension du « moi » sacré et intangible à la
nation allemande. Il n'y avait plus, en effet, qu'à

nationaliser ce principe essentiel de l'individualisme, formulé par le théoricien de Kœnigsberg, pour aboutir d'abord à la crise de 1813, ensuite à celle de 1870, enfin à celle de 1914, complémentaire des précédentes. Cette formule, transportée de la métaphysique dans la politique, est devenue celle de l'impérialisme germanique. Elle a créé des légions, fondu des canons, armé tout un peuple pour la conquête et la préparation à la conquête... L'Allemagne casquée et cuirassée est issue, Minerve caricaturale, du cerveau de ses philosophes. » Et il raille et condamne ceux qui « écoutent la chanson placide et bénigne, sans comprendre le sens combatif des paroles, sans savoir ce que le conseil ou mieux l'ordre métaphysique comporte de déflagrant et de brisant. Il n'est ni mitrailleuse, ni mortier, qui porte aussi loin, cause autant de ravages qu'un tel axiome dans une bouche aussi autorisée ».

Il semble cependant que des défenseurs du catholicisme devraient sympathiser avec la préoccupation de l'universel qui se manifeste dans ce principe. Qu'est donc ce principe, de l'aveu de M. Bourget, sinon « une invitation à sortir de nous-mêmes », individus, « et à nous élever jusqu'à un point de vue général et invariable » ? Qu'est-il donc, sinon la répudiation de toute morale purement individuelle et individualiste ? (1).

(1) M. L'abbé Cl. Piat, professeur honoraire de l'Université catholique, a écrit, dans ses *Conférences sur l'âme humai-*

Si c'est dans la conscience individuelle que Kant trouve la loi morale, il considère cette conscience non point dans ceux de ses éléments qui varient d'un individu à l'autre, mais dans ceux qui sont identiques chez tous les individus. Pour lui, le devoir est inscrit dans tous les êtres raisonnables, et on reconnaît ce qu'il ordonne à ce signe que l'on pourra ériger sa maxime en règle universelle.

On ne peut trouver dans le principe d'universalisation des maximes une loi d'orgueil et de domination qu'à la condition de l'interpréter arbitrairement dans ce sens absolument anti-Kantien : *Agis de façon à imposer par la con-*

ne : « Le mobile du devoir s'impose dès qu'on le connaît, et d'une manière inconditionnelle. Et voilà *ce qui nous élève au-dessus des frontières de l'individu*, voilà ce qui nous rend dignes d'être membres de la cité de Dieu, voilà ce qui fait notre grandeur morale. C'est l'idée que Kant a mise en lumière, dans sa Critique de la Raison pratique, et n'eût-il développé que cette grande pensée, il mériterait de ce chef de rester immortel. » — Par contre il est assez amusant de voir M. Barrès reprocher au principe Kantien d'universalité « une méconnaissance totale des droits de l'individu, de tout ce que la vie comporte de varié, de peu analogue, de spontané dans mille directions diverses. » (Les Déracinés, p. 23). Mais M. Barrès lui-même ne s'oublie-t-il pas à écrire : « Pour qui cherche à juger avec moralité, c'est un bon système de se dégager de l'accidentel et de se placer à un point de vue éternel. » (p. 448). Lui a-t-il donc échappé qu'une très légère modification suffit pour faire de cette phrase une pure et simple traduction du principe de Kant ? Il suffit de dire : « Pour qui cherche à juger avec moralité, c'est un bon système de se dégager de l'accidentel et de l'individuel et de se placer au point de vue de l'universel et de l'éternel. »

*trainte ou la ruse à tous les êtres la maxime
égoïste de ta volonté cupide, rapace, ambitieuse
et dominatrice.* Comme s'il était possible à un
disciple fidèle et intelligent de Kant d'universaliser une maxime qui commanderait le mépris de
la personne des autres, la violation du principe
de dignité : Respecte l'humanité en toi et dans
autrui ! Tenir Kant lui-même pour responsable
de ce contre-sens grossier, ce serait vouloir tenir
Tacite ou Lucrèce pour responsable des contre-
sens commis sur leur texte par un élève de se-
conde ou même de première ! La comparaison
est ici d'autant plus à sa place que MM. Bourget et Daudet ne jugent de Kant que par leurs
contre-sens de lycée. Où au monde ont-ils vu
que Kant provoquait l'individu à s'instituer le
despote moral des autres ? Le principe de Kant
ne vise pas l'agrandissement d'un individu ou
d'un peuple en face des autres individus ou des
autres peuples, mais au contraire la limitation, la
restriction de l'individu par rapport aux autres.
Ce n'est pas un principe d'orgueil, mais un principe de modestie (1), en face d'un devoir qui

(1) Déjà, dans le domaine de la raison pure, le criticisme
de Kant, pour qui le comprend bien, est un maître de
modestie et d'humilité. « Kant, déclare M. Daudet, est aussi
et avant tout, un maître d'orgueil, maître d'infatuation
d'esprit. » Franchement, on ne le voit guère, si, comme
M. Daudet lui-même le déclare, Kant proclame « notre
incapacité à concevoir l'essence des choses et des êtres ».
Est-ce là exalter l'esprit d'une façon si pernicieusement
dangereuse ? N'est-ce pas au contraire l'inviter à reconnaître
humblement ses bornes ? Il est vrai que M. Daudet invoque

commande avec tant de majesté et s'affirme avec
une suprématie si absolue, un principe d'humilité chez tout homme qui compare aux injonc-
tions augustes de la loi morale les dispositions
de sa nature. Kant n'entend pas me mettre en
possession d'un principe grâce auquel je pourrai
examiner, critiquer, réglementer, contrôler la
conduite d'autrui et imposer mes fantaisies individuelles, voire égoïstes, à autrui. Il entend me

son expérience personnelle : « D'orgueil il gonflait nos
poitrines à Louis le Grand et plus tard. » Mais de cet orgueil,
c'est M. Daudet qui est responsable et non Kant. Et « plus
tard » comme déjà même à Louis le Grand, il n'est guère
arrivé à comprendre Kant, malgré les « émouvantes », les
« bouleversantes leçons » de M. Burdeau ! — Pareillement,
dans une causerie sur les origines de la mentalité allemande
(le *Temps,* 2 mai 1915), M. Edmond Perrier écrit : « Quant
à la philosophie de Kant, rien n'est plus comique que le
déraillement qu'elle a produit dans la mentalité allemande...
Kant dit expressément : « La science de la nature ne mérite
ce nom que lorsqu'elle traite son objet entièrement *à priori ;*
quand elle le traite d'après les lois de l'expérience, elle
n'est plus une science à proprement parler ; car une connaissance qui ne comporte qu'une certitude empirique n'est
appelée savoir qu'au figuré. » Ainsi *déjà pour Kant...* les
faits ne sont plus rien ; ils doivent se plier devant l'esprit,
qui ne peut se tromper. La vérité ne réside plus dans les
réalités extérieures ; elle est dans l'esprit des philosophes...
Autant dire que le témoignage des faits est sans valeur...
L'orgueil allemand s'étale alors dans toute sa puissance
démoralisatrice. Les faits matériels disparaissent devant les
créations de l'esprit ; la science, cette science qui apparaît
aujourd'hui comme le fond même de la *Kultur,* ou plutôt
son instrument de domination, ne consiste pas pour ces philosophes dans la connaissance des choses, mais dans les
découvertes de l'esprit replié sur lui-même. » S'il y avait
ici quelque chose de « comique », ce serait la méprise de
M. Perrier qui écrit gravement : « *déjà pour Kant...* » et

mettre en possession d'un principe grâce auquel je pourrai examiner, critiquer, contrôler ma propre conduite et éclairer ma propre conscience, en soumettant ma conduite et ma conscience personnelles à la raison et à la conscience universelles du genre humain.

On prétend que Fichte, l'éveilleur du patriotisme prussien, n'a fait qu'étendre à la nation l'autonomie que Kant avait d'abord attribuée à l'individu. Mais si Fichte n'avait fait qu'étendre

qui ne se doute pas que sur ce point Kant ne fait que reproduire et prolonger Descartes, et que l'on pourrait dire : *déjà pour Descartes...* Car enfin on peut et l'on doit reprocher à Descartes d'avoir prétendu expliquer tous les secrets, l'économie tout entière de la nature *à priori*, par raison mathématique. En quoi il ne faisait qu'abuser d'une bonne chose. L'application des mathématiques à la physique révélait depuis un demi-siècle et davantage sa fécondité merveilleuse et Descartes figure parmi les grands inventeurs dans l'art de soumettre l'action des forces naturelles au calcul et à la mesure. Est-ce que par hasard M. Perrier voudrait soutenir que Descartes était un Allemand, ou que Descartes est responsable de l'état d'âme actuel des Allemands ? Il est évident qu'on peut tout dire si on ne se montre pas trop hypnotisé par la préoccupation du vrai ou même simplement du vraisemblable... Et comme si la science allemande avait tellement dédaigné les faits que cela ! Comme si les pastilles incendiaires d'Ostwald et les gaz asphyxiants étaient le propre de gens qui n'ont aucun égard pour les réalités extérieures ! Et comme si le problème scientifique de la valeur et des limites de la méthode apriorique et mathématique dans les sciences naturelles avait un rapport quelconque avec « cette floraison de mensonges, de fourberies, de trahisons, cette organisation savante de l'espionnage, cette méconnaissance du respect dû à une parole, etc... » dont M. Perrier prétend faire endosser la responsabilité à Kant et que Kant, nous le verrons, a flétries avec au moins autant de vigueur et certainement plus d'autorité que M. Perrier !

telle quelle à la nation la théorie de Kant sur
l'individu, il aurait assujetti la nation au respect
de l'humanité dans les autres nations, à la justice
vis-à-vis des autres nations, à la *morale internationale* — morale aussi austère et rigoureuse que
la morale inter-individuelle.

La pensée de Kant, dans toute sa pureté et sa
noblesse, est celle-ci : N'agis jamais égoïstement.
Ne te fais pas centre du monde. Ne t'accorde
pas des privilèges et des libertés que tu ne voudrais ni ne pourrais accorder aux autres. Devant
la loi morale, il n'y a pas de supérieur, ni d'in-
férieur. Tous les hommes sont égaux, et chacun
doit respecter tous les autres. Agis vis-à-vis des
autres comme tu voudrais qu'en circonstance
semblable les autres agissent vis-à-vis de toi.
Examine si tu pourrais logiquement et moralement vouloir que tout le monde se conduise
comme toi, parce que si tu ne peux pas le vouloir, tu es moralement obligé de changer ta conduite, de reconnaître que tu es dans ton tort,
d'agir autrement. C'est la même loi qui te lie, toi
et les autres. La loi ne dit pas : à toi la domination, aux autres l'esclavage. Elle dit : à tous la
liberté, et à chacun le respect pour tous... Or cela,
c'est si peu la mentalité allemande contemporaine, que c'en est précisément la plus nette
condamnation.

La vraie universalisation des maximes pour
les Allemands de nos jours aurait été celle-ci :
je respecterai dans la guerre le droit des gens,

je m'abstiendrai du vol, du viol, du meurtre d'es
civils, sans la moindre utilité militaire, parce que
je ne puis pas vouloir ni logiquement ni moralement qu'une telle conduite soit universalisée, je
ne puis pas vouloir qu'en cas d'invasion de
l'Allemagne par les Alliés, les Alliés se conduisent envers les Allemands comme les Allemands
se conduisent vis-à-vis des Belges, des Français
et des Serbes (1). Telle n'est pas, il s'en faut, la
mentalité allemande contemporaine. Cette réciprocité et cette égalité que Kant réclame au nom
de la morale universelle sont choses parfaitement
étrangères à la conscience teutonne de nos jours.
Le gouvernement allemand réclame à cor et à
cri qu'on respecte le droit des gens en ce qui le
concerne, il déploie une ingéniosité inlassable à
découvrir ou inventer des violations du droit des
gens en ce qui le touche — on l'a vu dans
l'affaire du Baralong — mais il se réserve le
droit de le violer de la façon la plus directe, la
plus cynique, la plus odieuse quand il s'agit des
autres. Sans sourciller, il invoque à son profit le
respect littéral d'engagements auxquels il déclare
se soustraire pour son propre compte. Et le professeur Niemeyer, président de l'Association

---

(1) « Qu'est-ce qu'un ennemi injuste ? » demande Kant. Et
il réplique : « C'est celui dont la volonté publiquement
manifestée (soit par des paroles soit par des actes) trahit une
maxime qui, érigée en règle universelle. rendrait tout état de
paix impossible parmi les peuples et perpétuerait l'état de
nature. Telle est la violation des traités publics.... » (Eléments métaphysiques de la doctrine du droit).

allemande pour le droit international, a pu proposer aux membres de ce groupement de se retirer de l'Association internationale, parce que, l'Allemagne ayant des intérêts différents de ceux des autres pays, ses tendances dans ce domaine ne ressemblent pas à celles des autres nations. L'Allemagne n'est pas une nation entre les nations. Elle n'a en ce monde que des droits et non des devoirs. Et les nations, en face d'elle, ont des devoirs, mais n'ont point de droits. Mais l'individu ou le peuple qui entend imposer à autrui une prétendue morale qui n'est autre chose que sa prétention égoïste et cupide à l'hégémonie universelle, s'érige lui-même en *exception,* ce que Kant condamne explicitement. Au lieu de mettre tous les hommes en tant qu'hommes sur le même plan d'égalité morale au-dessus de toutes les inégalités physiques, intellectuelles, économiques, il s'attribue, à lui, sans réciprocité, un droit qu'il refuse aux autres... Il est du plus haut intérêt, « au point de vue du salut national », de bien voir et de dire bien haut que la moralité ultra-nationaliste et ultra-militariste de l'Allemagne contemporaine est directement flétrie par le principe même de Kant où, par un contre-sens si gros qu'il en devient colossal, on s'imagine bien à tort trouver le germe de l'impérialisme pangermaniste actuel.

Mais Kant était « individualiste » ! « Kant demande le manifeste de l'Université catholique

Kant n'a-t-il pas posé en principe que chacun
doit agir de telle sorte que ses actes puissent être
érigés en règle universelle, laissant à la conscience individuelle le soin de juger si la condition
est remplie ? » A quoi je réponds : C'est la
conscience individuelle, sans doute, qui doit juger si la condition est remplie, parce qu'enfin,
que cela plaise ou non aux anti-individualistes de
l'Université catholique, c'est l'individu qui est
responsable, qui est libre, qui est obligé, qui a à
agir. Mais le soin de juger si la condition est
remplie n'est pas une prérogative dont l'individu
ait lieu de s'enorgueillir, c'est une responsabilité
qui pèse sur lui et dont il n'a pas le droit par
paresse morale de se décharger sur autrui. En
somme, l'individualisme tant reproché à Kant
mériterait plus encore d'être appelé un personna-
lisme, si l'on entend par *personne, personnalité,*
l'individu subordonnant tout ce qu'il y a d'individuel en lui à la loi universelle et absolue qu'il
découvre dans sa conscience et devant laquelle
avec respect il s'incline. Assurément, il faut bien
que ce soit dans sa conscience qu'il la trouve,
mais il ne la crée pas, il la constate, et il ne la
trouve, il ne la constate, que pour s'y soumettre
avec docilité. C'est l'attitude inverse de l'individualisme romantique ou pangermaniste qui auto-
rise, engage l'individu, à faire litière de l'universel, à prendre, suivant sa fantaisie, ce qu'il y
a en lui de plus purement individuel pour l'inspiration de sa conduite et à assujettir les autres

par la contrainte ou la ruse à cet arbitraire et à ce caprice purement individuels. Bien loin que l'universel soit la proie dont l'individuel doit s'emparer, le domaine auquel il doit s'imposer, l'objet sur lequel il doit régner, l'universel, pour Kant, c'est la règle absolue à laquelle l'individuel doit se plier.

M. Bourget croit possible de supprimer le facteur individuel ou de le réduire à un pur et simple servage. *Philosophia ancilla theologiæ.* Son grand grief contre le Kantisme, c'est qu'il ne se confond pas purement et simplement avec la religion révélée, c'est que Kant a écrit la *Métaphysique des mœurs* au lieu de réciter le *Décalogue...* Seulement ne voit-il pas que ce reproche vise en réalité, non pas seulement Kant, mais toute philosophie aussi bien française qu'allemande ? ne voit-il pas que si ce reproche atteint Kant, ce n'est pas en tant que Kant ou en tant qu'Allemand, c'est en tant que philosophe ? et ne voit-il pas que le zèle des anti-Kantiens court le risque de ressembler à ce zèle irréfléchi que le Nouveau-Testament appelle un « zèle sans connaissance » ?

D'après M. Bourget, ce n'est que par le recours à quelque chose d'extérieur, à quelque chose de « donné en dehors de ma conscience », que je puis éviter les funestes conséquences de l'ultra-individualisme subversif et négateur. Il ne répond pas à cette question, du reste il ne se la pose pas, il ne la discerne pas : Comment reconnaîtrai-je que le Décalogue est réellement révélé, sinon parce qu'il sera d'accord avec ma conscience sincèrement consultée, cette conscience qui est non pas celle d'un individu, mais celle de l'homme en tant qu'homme ? Je pourrai rapprocher mon action du code révélé, contrôler ma conduite par le Décalogue, oui, sans doute, mais cette démarche devra logiquement et moralement être précédée par une autre : il aura fallu que je rapproche le Décalogue de ma conscience, et c'est parce que j'aurai reconnu dans le Décalogue la conscience de ma conscience, pour appliquer au Décalogue un mot que Vinet applique et qui, au point de vue chrétien, ne s'applique complètement qu'à Jésus-Christ, c'est pour cela que je croirai à l'autorité divine du Décalogue (1). Il est impossible, même en religion, à plus forte raison en philosophie, de faire abstraction de l'individu. C'est la contradiction inhérente au point de vue catholique que de supprimer cet élément indivi-

---

(1) Et ce serait aussi une question de psychologie religieuse intéressante que celle de savoir comment le code du Décalogue a été *révélé*, si vraiment il faut prendre au point de vue littéral et matériel le récit de Dieu parlant, dictant, écrivant, ou si le Décalogue révélé n'est pas sorti d'une conscience, eh ! oui, d'une conscience individuelle éclairée, fortifiée, inspirée. Si bien que ce n'est pas assez de dire : moi, aujourd'hui, je ne puis voir dans le Décalogue une autorité divine que parce que ma conscience reconnaît et ratifie la sainteté de ses ordres, il faut dire encore : à l'origine le Décalogue n'a pu être donné en dehors des consciences hébraïques individuelles que par une conscience hébraïque individuelle d'où il a jailli avec force, autorité, certitude, sous la pression de l'inspiration divine.

duel et intérieur à travers et par lequel seul l'individu peut accéder à l'extérieur et à l'universel. Si, comme l'assure M. Bourget, ni la raison ne peut juger de la vérité ni la conscience de la moralité, sur quoi au monde pourrai-je bien me fonder pour décider qu'entre toutes les religions la religion chrétienne est véritable et morale, illuminatrice et moralisatrice ? J'entends bien qu'on veut écarter la raison et la conscience pour faire place à l'autorité extérieure. Mais, dans le silence de la conscience et de la raison, il serait impossible à une autorité extérieure, quelle qu'elle soit, de s'établir ; une autorité extérieure ne peut être légitimement admise, que si elle est sanctionnée et reconnue par l'autorité intérieure de la conscience et de la raison. Et puis, une autorité extérieure aurait beau parler, elle parlerait dans le vide s'il n'y avait pas une conscience et une raison pour l'écouter, l'interpréter, l'appliquer.

Sur ce point-là, Kant n'a pas raisonné en Germain, il a raisonné en homme qui réfléchit. Mais on voit bien que ce qui déplaît chez Kant à beaucoup de ses détracteurs français actuels, ce n'est pas seulement ni surtout l'Allemand, c'est tout simplement le penseur laïque, émancipé de l'autorité, c'est le champion de la liberté, de l'autonomie, de la conscience et de la raison.

Mieux inspiré que les professeurs de l'Institut catholique et que M. Daudet, un autre écrivain catholique, mais philosophe de profession, par

conséquent compétent et averti, M. de Wulf, a
montré que ce qui caractérise la pensée latine
par opposition à la pensée allemande, c'est justement l'individualisme, et que ce qui explique la
mentalité allemande telle qu'elle se révèle dans
cette guerre, c'est son anti-individualisme. Rien
de plus juste. En vain M. Daudet et le R. P. Janvier s'épuisent-ils en sophismes et en raisonne-
ments tortueux et subtils à cette fin d'établir
que c'est l'ultra-individualisme Kantien qui a
logiquement produit l'immolation de l'individu à
l'Etat et l'abus de la discipline servile et l' « organisation » qui étouffe les spontanéités dans le
grand effort collectif et anonyme. En vain
M. Daudet écrit-il tranquillement : « Sur le plan
de l'action, la philosophie du subjectivisme individuel et de l'inconscient aboutit à une discipline
de fer suppléant l'initiative défaillante, à l'hom-
me-machine, à l'omnipotence du règlement. »
L'individualisme n'aboutit pas à l'anti-individualisme. La Kultur est le contraire absolu de
l'individualisme. Comment la Kultur anti-indivi-
dualiste serait-elle la fille légitime de l'individualisme protestant de Kant ? Que si l'on voulait
trouver dans une forme religieuse un parallé-
lisme effectif avec le germanisme contemporain,
échappe-t-il donc aux anti-Kantiens catholicisants
que ce n'est pas dans le protestantisme individualiste qu'on devrait le chercher ? Dans un
discours prononcé à la séance de rentrée des
cours et conférences de la Sorbonne, M. Alfred

Croiset signalait dans la culture germanique une
« sorte de parodie du catholicisme ». « L'impérialisme pangermaniste, disait-il, imposant ses
règlements bienfaisants aux nations soumises, la
prétention de faire de l'Europe un Paraguay
dont le fonctionnaire prussien serait le jésuite,
soulève la révolte de tous les peuples fiers qui,
au-dessus de tous les biens, placent l'indépendance et la liberté (1). »

M. de Wulf a fait entendre le langage du bon
sens et de la droite raison, lorsqu'il a fait à Kant
un mérite de ce que certains écrivains catholiques lui reprochent, à savoir de son individualisme : « On a tort d'oublier que la philosophie
critique de Kant est une psychologie individualiste... Kant professe le respect de l'individu
humain ; il proclame la valeur de sa personnalité ; il se fait l'apôtre de ses libertés individuelles. On ne découvre rien dans sa doctrine qui
ressemble à une déification de la Société, à une
justification de l'absolutisme gouvernemental... En
fin de compte, c'est du monisme allemand et de
la théorie de la déification de l'Etat, couvée dans
ce monisme, que découle la philosophie des mili-
taristes. Or, l'ancêtre ou mieux l'initiateur de ce
monisme dévergondé qui pénètre jusqu'à la
moelle la pensée allemande du XIXe siècle, qui
inspire à la fois et sa métaphysique et son
romantisme artistique — est sans contredit

(1) Cf. « La guerre sociale » du 7 novembre 1914.

Fichte dont Schelling, Hegel et les autres n'ont
fait que suivre le sillage. »

Mais le chanoine Gaudeau estime que « Kant
avait séparé complètement le droit de la morale »,
ce qui équivalait à une « suppression du droit
naturel et de la justice elle-même » (1). Et il
s'appuie sur un article du P. Chiaudano qui,
dans la *Civilta Catholica,* ne craint pas d'écrire :
« L'un des principes fameux de la philosophie
Kantienne c'est que le droit ne dépend en rien,
dans son efficacité, de la morale ; qu'il faut séparer absolument l'ordre juridique de l'ordre
moral, que le droit proprement dit ne contient
aucun élément moral et que, par suite, droit et
pouvoir de coaction signifient une seule et même
chose. Notez bien que le pouvoir de coaction
dont parle le philosophe de Kœnigsberg n'est pas
un pouvoir moral, mais la pure force physique,
dont peut disposer un gouvernement, un Etat,
pour contenir dans l'ordre ses sujets... Nous ne
voyons pas comment on pourrait proclamer avec
plus d'audace et d'effronterie, ou accepter plus
follement comme démontrée cette maxime, que le
droit n'est autre chose que la force. Car il suffit
de réfléchir que cette force étant aux mains de
l'Etat ou de celui qui prévaut dans la lutte, l'Etat
devient le créateur du droit, avec cette consé-

(1) La Guerre Allemande et le Catholicisme, p. 25 et suiv.

quence que celui qui doit l'emporter, ce n'est pas celui qui a raison, mais c'est le plus fort. »

On regrette d'être obligé de dire que le P. Chiaudano a feuilleté bien distraitement la *Doctrine du Droit,* tout heureux de rencontrer quelques phrases qui, séparées de leur contexte, isolées de l'ensemble de la pensée Kantienne, et prises à contre-sens, pouvaient paraître s'accorder avec les maximes du germanisme contemporain. Il n'a pas lu plus avant...

. Il est très vrai que Kant distingue les devoirs de droit (légalité) et les devoirs de vertu (moralité). Mais il déclare que « s'il y a vraiment des devoirs directement éthiques, la législation intérieure fait aussi de tous les autres des devoirs éthiques indirectement ». Il assure que si la législation éthique vise les actes intérieurs, elle ne se désintéresse pas pour cela des actions extérieures, car « elle s'étend en général à tout ce qui est devoir ». « Tous les devoirs, par cela seul qu'ils sont des devoirs, rentrent dans l'éthique. » « L'Ethique m'ordonne de remplir l'engagement que j'ai pris dans un contrat, alors même que l'autre partie ne pourrait m'y contraindre... L'Ethique enseigne... que... quand même... la contrainte extérieure viendrait à manquer, l'idée du devoir devrait déjà être un mobile suffisant. » Ainsi donc, rien n'échappe à la conscience ; mais il y a des actes qui, tout en relevant du tribunal intérieur, auquel nul acte n'échappe, peuvent être l'objet d'une législation

extérieure. C'est à ceux-là que s'applique proprement le concept de *droit*.

Approfondissant la notion du droit naturel,
Kant en trouve le principe dans la liberté. Le
droit « unique, originaire, que chacun possède
par cela seul qu'il est homme », c'est le droit de
s'appartenir, le droit d'être son maître, le droit
inné à la liberté extérieure, c'est-à-dire à la condition même du devoir. Les deux notions de
devoir et de droit sont conçues ensemble. La
liberté est à la fois la tige du droit et celle de la
morale ; la morale en règle l'usage interne ; le
droit, l'usage externe. Chaque liberté, étant in-
violable à toutes les autres, les limite.

Le principe de la limitation réciproque des
libertés résulte d'ailleurs logiquement des deux
principes de la morale de Kant : du principe de
l'universalité : l'individu ne saurait universaliser
une maxime qui autoriserait à porter atteinte à
la liberté d'autrui, — du principe de dignité : la
dignité, la valeur de la personne fin en soi contient implicitement le droit de la personne à être
respectée dans sa liberté morale, condition de
l'accomplissement du devoir, c'est-à-dire condition de la vraie dignité.

Du droit ainsi conçu résulte nécessairement la
faculté de contraindre. Car lorsque mon action,
mon état, peut s'accorder avec la liberté de chacun suivant une loi générale, celui-là porte
atteinte à mon droit qui m'y fait obstacle. La
contrainte, en tant qu'elle sert à écarter un

obstacle fait à la liberté, s'accorde avec la liberté
même suivant des lois générales, c'est-à-dire est
juste. Par conséquent, le droit implique la faculté
de contraindre celui qui y porte atteinte. « Kant,
a dit Fouillée, prend pour base du droit la
liberté morale et la réciprocité de la contrainte
sociale. » Et les deux termes de contrainte et de
liberté sont ici étroitement solidaires : la contrainte n'a d'autre fin que de protéger la liberté
morale de chacun contre les empiètements des
autres. La contrainte a pour but unique d'imposer
le respect de la liberté. Dans son inspiration, elle
trouve sa méthode et sa limite. C'est une contrainte essentiellement morale.

Il est vrai qu'après avoir dit que le droit
implique la faculté de contraindre, Kant, poussant
sa pointe, en vient effectivement à déclarer que
le droit et la faculté de contraindre sont deux
choses identiques. En effet, explique-t-il, le droit
en général n'a pour objet que ce qu'il y a d'extérieur dans les actions. Le droit strict, celui qui
est entièrement extérieur, où n'entre aucun élément emprunté à l'éthique, le droit pur qui n'est
mêlé d'aucun principe de vertu, est celui qui
n'exige d'autres principes de détermination que
des principes extérieurs. En tant que droit pur,
il s'appuie uniquement sur le principe de la
possibilité d'une contrainte extérieure, d'accord,
suivant les lois générales, avec la liberté de
chacun.

Je comprends qu'on puisse trouver à redire à

cette terminologie. Mais encore faudrait-il comprendre la pensée de Kant. D'après Kant, le droit n'est pas toute espèce de contrainte, mais uniquement la contrainte qui est d'accord avec la liberté de chacun. Kant déclare expressément que la contrainte est possible là où il n'y a pas de droit. Il cite le cas d'un naufragé qui, pour sauver sa vie, arracherait une bouée de sauvetage à son compagnon d'infortune. Aucun tribunal ne punirait cette violence, et cependant la conscience la réprouve. « L'action qui consiste à employer la violence pour se conserver soi-même échappe à la punition, quoique on ne puisse la regarder comme non coupable ; et c'est par une étrange confusion que les juristes prennent cette impunité... pour une chose légitime. » Donc il peut y avoir contrainte là où il n'y a pas droit.

Il n'y a d'ailleurs nulle contradiction entre ces deux thèses de Kant : d'une part, le droit pur n'est en soi que contrainte pure, d'autre part le droit n'est pas toute espèce de contrainte, mais une contrainte très particulière, très déterminée. En d'autres termes, tout droit est contrainte, mais toute contrainte n'est pas droit. Le droit, c'est la contrainte mise au service de la justice. Définissant le droit comme la contrainte mise au service de la justice, Kant fait observer que *dans cette formule* la justice désigne la moralité, et que, ce qui constitue le droit pur, c'est la contrainte. Le droit n'est pas la justice, si on veut séparer dans la rigueur les notions, mais il naît de la justice et il en sort pour retourner à la justice, pour l'établir, la confirmer, la défendre. La pensée de Kant, pour qui veut se donner la peine de la comprendre, est moralement inattaquable. Lorsque le P. Chiaudano soutient que Kant a souscrit à la thèse que la force crée le droit, ou que le droit n'est pas autre chose que la force brutale, physique, il calomnie Kant, car encore une fois, lorsque Kant a parlé de contrainte, il n'a pas entendu parler d'une contrainte en soi amorale, conçue comme force pure, violence, créant le droit, suivant le point de vue pangermaniste, mais de la contrainte que l'agent moral est autorisé à exercer pour défendre le droit, pour défendre la justice et la liberté, c'est-à-dire d'une contrainte morale, inspirée par la justice et destinée à défendre la justice.

Mais on a argué d'un texte des *Conjectures sur le commencement de l'histoire de l'humanité* (auquel on pourrait en joindre plusieurs autres empruntés à la *Critique du jugement*) pour affirmer que Kant, en vrai précurseur de Bernhardi, a soutenu la cause de la guerre et en a proclamé la sainteté et l'inéluctable nécessité. Ce n'est assurément pas la thèse qu'il soutient dans le *Projet de paix perpétuelle*. Mais justement Brunetière a cru voir une contradiction entre ces deux écrits dont l'un est de 1786 et l'autre de 1795. Après avoir commencé comme un belliciste, Kant finirait comme un pacifiste. Et il va de soi que Brunetière préfère le Kant belliciste. Seulement, lorsqu'on étudie de près les ouvrages qui vont de 1784 à 1798, on s'aperçoit bien vite que la doctrine de Kant est identiquement la même d'un bout à l'autre de ces ouvrages. On peut la résumer en quelques mots :

Pour Kant, l'idéal, l'état de perfection vers lequel l'humanité marche et dont elle se rapproche plus ou moins vite, c'est l'état de paix. Il envisage très nettement la guerre comme issue de « passions injustes et inhumaines », comme un mal, mal physique et mal moral. L'esprit guerrier est l'une des formes essentielles de ce mal radical qui constitue le fond de la nature humaine. Kant estime que ce mal est inévitable au cours de l'évolution qui conduit de l'état de nature à l'état de pleine moralité, attendu que d'une manière générale le mal est compris dans cette évolution et ne peut pas ne pas y être compris. Il estime que le mal de la guerre, tout mal qu'il est et demeure au point de vue physique et moral, est cependant actuellement indispensable en bien des cas et doit être préféré aux maux bien plus graves et bien plus dangereux qui résulteraient parfois d'une paix prématurée, laquelle serait corruptrice et détruirait la civilisation dans la dissolution la plus brutale et l'esclavage le plus abject. — Et certes Kant n'a pas tort de nier que la paix soit le premier des biens. Il peut y avoir des maux pires que la guerre. Et si le choix s'impose entre ces maux et la guerre, n'est-ce pas la guerre qu'il faut choisir ? N'est-il pas vrai que dans la guerre actuellement déchaînée, vouloir la paix à tout prix, ce serait mettre la paix au-dessus de la moralité, de la justice, du droit, de la liberté, de la vérité ? et que, « au point où nous sommes parvenus », pour employer des expressions de Kant, avec des adversaires comme ceux que nous avons, la guerre est un moyen indispensable, non seulement pour élever la civilisation plus haut en l'affranchissant du militarisme impérialiste, mais pour empêcher la civilisation de sombrer dans une barbarie d'autant plus barbare qu'elle est plus savante et plus raffinée ? N'est-il pas vrai que dans la guerre telle que nos ennemis nous l'ont imposée, nous avons le droit de voir, non pas un moyen d'asservissement des masses — ce qu'elle est pour tous ceux qui préconisent la guerre de conquête, de rapine et de proie — mais la condition même de la liberté croissante des peuples — ce qu'elle est pour tous ceux qui n'admettent, en fait de guerre, que la guerre de défense et de droit ? Toutefois, Kant n'en reste pas là. D'après lui, l'histoire de l'humanité consiste dans la lutte du principe du bien avec le principe du mal, et le progrès de l'espèce humaine dans le triomphe du bien sur le mal, de l'état de paix sur l'état de guerre. Et Kant affirme que si la guerre est encore une nécessité *actuelle* de l'humanité, ce n'est qu'une étape provisoire et inférieure qu'elle est obligée de parcourir, et dont se sert la Providence comme d'un moyen pour parvenir à ses fins véritables qui sont la justice, la liberté et la paix.

La doctrine de Kant est identiquement la même d'un bout à l'autre de ces ouvrages. Il n'y a d'hésitation dans sa pensée que sur la question de savoir dans quelle mesure et avec quelle rapidité l'idéal de la paix perpétuelle qui est le sien pourra être réalisé. En somme, malgré certaines oscillations, il semble qu'il y ait chez lui sur ce point évolution dans le sens optimiste.

En 1784, dans l'*Idée d'une histoire universelle au point de vue cosmopolitique*, Kant reproche à l'abbé de Saint-Pierre et à Rousseau d'avoir cru trop prochaine la réalisation de l'idéal de paix.

En 1876, dans les *Conjectures sur le commencement de l'histoire de l'humanité*, il semble reléguer l'idéal de paix dans un avenir bien lointain et élever à une hauteur de perfection bien inaccessible le degré de moralité humaine requis pour que la paix perpétuelle puisse être vraiment salutaire et bonne : « au degré de civilisation où le genre humain est arrivé, la guerre est un moyen indispensable de l'élever plus haut, et la paix perpétuelle ne nous serait salutaire qu'après que nous en aurions (qui sait quand ?) atteint le point de perfection, duquel seul cette paix pourrait être la conséquence. »

En 1793, dans son écrit sur *ce proverbe: cela peut être bon en théorie, mais ne vaut rien en pratique,* Kant est plus affirmatif : « De ce qu'une chose n'a pas réussi jusque-là, dit-il, on ne saurait conclure qu'elle ne réussira jamais, et l'on n'est pas fondé à renoncer à un certain but, surtout s'il s'agit d'un but moral, qui reste un devoir tant qu'on n'a pas démontré l'impossibilité de l'atteindre. ...Les maux qui résultent des guerres continuelles, au moyen desquelles les Etats à leur tour cherchent à empiéter ou à étendre leur domination les uns sur les autres, doit les conduire à la fin, même malgré eux, à entrer dans une constitution cosmopolitique... à fonder un état juridique de *fédération* sur un *droit des gens* stipulé en commun... Comme le respect du droit et du devoir est toujours vivant dans la nature humaine, je ne puis ni ne veux la croire si enfoncée dans le mal que la raison moralement pratique, après beaucoup d'essais malheureux, ne doive finir par en triompher, et la rendre tout à fait digne d'amour. »

En 1795, dans le traité *sur la Paix perpétuelle,* énumérant les articles préliminaires d'une paix perpétuelle entre les états, il distingue entre les articles qu'il estime susceptibles d'être appliqués tout de suite, et ceux qu'il croit devoir et pouvoir ajourner, pourvu, comme il le dit lui-même, qu'on n'ajourne pas jusqu'aux calendes grecques. Et il déclare péremptoirement : « La raison, du haut de son trône qui est la source suprême de toute législation morale, condamne absolument la guerre comme voie de droit, et *elle fait de l'état de paix un devoir immédiat.* Or, comme cet état ne peut être fondé et garanti sans un pacte des peuples entre eux, de là résulte la nécessité d'une alliance d'une espèce particulière, qu'on pourrait appeler *alliance de paix* (*fœdus pacificum*), et qui diffèrerait du *traité de paix* (*pactum pacis*), en ce qu'elle terminerait à jamais toutes les guerres, tandis que celui-ci n'en finit qu'une seule. » Cette union de paix, explique Kant, est possible. On peut le démontrer. « Car si le bonheur voulait qu'un peuple puissant et éclairé se constituât en République (gouvernement qui, par sa nature, doit incliner à la paix perpétuelle), il y aurait, dès lors, un centre pour cette alliance fédérative : d'autres Etats pourraient s'y joindre, afin d'assurer leur liberté, conformément à l'idée du droit des gens, et elle s'étendrait chaque jour davantage par de nouvelles adjonctions... Il n'y a, aux yeux de la raison, pour les Etats considérés dans leurs relations réciproques, d'autre moyen de sortir de l'état de guerre où les retient l'absence de toute loi, que de renoncer, comme les individus, à leur liberté sauvage, déréglée, pour se soumettre à la contrainte de lois publiques et former ainsi un Etat de nations (*civitas gentium*) qui croîtrait toujours et embrasserait à la fin tous les peuples de la terre. » Néanmoins, Kant termine le traité *de la Paix perpé-*

tuelle par ces mots : « Si c'est un devoir, auquel s'ajoute une espérance fondée, de réaliser le règne de droit public, *mais par un progrès s'étendant à l'infini,* la paix perpétuelle... n'est pas une idée vide, mais un problème qui, récevant peu à peu sa solution, se rapprochera toujours davantage de son but (car il faut espérer que les mêmes progrès se feront dans des temps de plus en plus courts). »

En 1797, dans les *Eléments métaphysiques de la doctrine du droit,* Kant a l'air d'estimer que la paix perpétuelle est une idée impraticable, irréalisable (unausführbar). Mais enfin, c'est une *idée,* au sens Kantien du terme, une idée qui, comme celle de Dieu, de la vertu, est un principe régulateur, une maxime d'action. On doit se rapprocher de l'idéal de paix par approximations successives, et « comme cette approximation est un problème fondé sur le devoir... elle est certainement possible ». Dans sa conclusion, Kant écrit : « La raison moralement pratique nous adresse ce *veto* irrésistible : il ne doit pas y avoir de guerre... La question n'est donc plus de savoir si la paix perpétuelle est une chose réelle ou non... mais nous devons agir comme si la chose, qui peut-être ne sera pas, était exécutable et, en vue de ce but, établir la constitution qui nous semble la plus propre à y conduire et à mettre fin à ces guerres impies, vers lesquelles jusqu'ici tous les Etats, sans exception, ont dirigé leurs institutions intérieures comme vers leur but suprême. Que si nous ne pouvons atteindre cette fin et si elle n'est toujours pour nous qu'un vœu pieux, du moins ne nous trompons-nous certainement pas en nous faisant une maxime d'y tendre sans relâche, car cela est un devoir... »

Enfin, en 1798, dans *le Conflit des Facultés*, le dernier ouvrage que Kant ait publié lui-même, il écrit : « La révolution d'un peuple richement doué, que nous voyons s'accomplir aujourd'hui sous nos yeux... éveille dans le cœur de tous les spectateurs, de ceux qui se trouvent à l'écart de la scène, des vœux sympathiques voisins de l'enthousiasme... Un tel phénomène dans l'histoire de l'humanité *ne s'oublie plus* », parce qu'il révèle dans l'humaine nature un pouvoir de tendre vers le mieux, qu'aucune politique n'avait soupçonné jusqu'à présent. Dans l'exemple de la Révolution française, Kant voit un cas extraordinaire d'un sentiment irrésistible mis au service d'une idée. Qu'importent désormais les reculs partiels ! L'essai est « trop étroitement uni à l'intérêt de l'humanité » pour n'être pas renouvelé. Une grande espérance est née ; la vieillesse de Kant en est comme illuminée, et l'on peut voir comme son testament moral dans cette déclaration solennelle : « Eh bien ! j'affirme, sans être un voyant, que je puis le prédire à l'humanité, d'après l'aspect et les signes précurseurs de notre époque : cette fin (la réalisation d'un Etat fondé sur des principes de droit) sera atteinte, et sera le prélude d'un progrès sans retour. »

La Révolution française incline Kant à croire la réalisation de la paix perpétuelle plus prochaine qu'il n'avait d'abord cru pouvoir l'espérer, car la disparition du pouvoir absolu, l'organisation intérieure des peuples en république est pour lui le prélude nécessaire de l'institution d'une république universelle. ...Que deviendrait son optimisme aujourd'hui ? Et en présence de l'Allemagne contemporaine, de son bellicisme âpre et féroce, de sa façon de concevoir le droit international et de conduire la guerre, ne lui semblerait-il pas voir de nouveau s'enfuir dans un futur infiniment lointain l'idéal de la paix ?

Dans tous les cas, une chose est certaine, c'est qu'il flétrirait sans hésiter l'Allemagne de 1916. Car enfin — et c'est par où je terminerai — il l'a déjà effectivement flétrie. Les deux ouvrages de Kant : *Eléments métaphysiques de la doctrine du droit*, et *De la Paix perpétuelle*, sont la condamnation anticipée des erreurs et des crimes de l'Allemagne prussianisée (1).

Tandis que les pangermanistes avec Hegel,

(1) Les citations qui vont suivre sont empruntées à la traduction de Jules Barni (Eléments métaphysiques de la doctrine du droit suivis d'un Essai philosophique sur la Paix perpétuelle).

Treitschke, Bernhardi, glorifient l'Etat et le despotisme militariste, Kant applique non seulement à la philosophie et à la morale, mais à l'ordre politique et social, son principe d'autonomie, et, envisageant la nation comme composée d'individus autonomes, centres de liberté et de souveraineté intérieure, il déclare : « La constitution civile de chaque Etat doit être républicaine. La constitution républicaine, outre la pureté qui distingue son origine, puisqu'elle dérive de la source pure de l'idée du droit, a encore l'avantage de nous montrer en perspective l'effet que nous souhaitons, c'est-à-dire la paix perpétuelle. »

Tandis que les pangermanistes célèbrent tous la nécessité, l'utilité et la sainteté de la guerre — de la guerre fonction naturelle de la vie sociale, « les armées permanentes, dit Kant, doivent entièrement disparaître avec le temps... La raison moralement pratique nous adresse ce *veto* irrésistible : il ne doit pas y avoir de guerre, ni entre toi et moi, dans l'Etat de nature, ni entre nous comme Etats, car ce n'est pas de cette façon que chacun doit chercher son droit ». Et encore : « La guerre n'est que le triste moyen auquel on est condamné à recourir dans l'état de nature, pour soutenir son droit par la force, puisqu'il n'y a point de tribunal établi qui puisse juger juridiquement... » Kant condamne, en tout cas, toute guerre d'extermination, toute guerre de conquête « qui aurait pour effet l'anéantissement moral d'un Etat dont le peuple ou se fondrait dans la masse du peuple vainqueur ou tomberait en esclavage ».

Tandis que les intellectuels allemands modernes considèrent le droit comme un obstacle à la paix, et veulent la paix par la force, Kant veut la paix par le respect du droit. Dans les dernières lignes du paragraphe sur le *droit cosmopolitique,* il inflige un blâme anticipé aux Allemands qui font une guerre de conquête et de domination pour établir la *pax germanica* par l'asservissement universel. Il proteste contre l'idée qu'il serait « permis d'être injuste une fois pour toutes, afin de fonder ensuite plus sûrement et de faire mieux fleurir le règne de la justice ». Il flétrit « la duplicité de la politique qui accommode la morale à sa guise », qui « regarde comme une peccadille très pardonnable l'absorption d'un petit Etat par un plus grand, qui prétend agir en cela pour le plus grand bien du monde » (1).

Tandis que l'Allemagne réclame la possibilité d'une contrainte exercée sur tous les peuples par les seuls Allemands auxquels est accordé le privilège exceptionnel d'opprimer la liberté des

(1) « Malheur à celui qui adopte cette maxime pharisaïque : *Mieux vaut la mort d'un homme que la ruine de tout un peuple !* Car, quand la justice disparaît, il ne vaut plus la peine que des hommes vivent sur la terre. » (Métaph. des mœurs.)

autres et de la détruire, Kant définit le droit comme la possibilité d'une contrainte générale et réciproque, s'accordant, suivant des lois universelles, avec la liberté de chacun.

Tandis que, avec Hegel, Treitschke, Bernhardi, les prédicateurs de la cour, les pangermanistes déclarent que la guerre décide et affirme le droit du vainqueur et que la question de savoir où réside le droit ne peut être tranchée que par la guerre, « la guerre, dit Kant, et le succès de la guerre, la victoire, ne décident pas le moins du monde la question du droit ». Et il stigmatise les « sophismes » des « faux représentants des puissances de la terre » qui « ne plaident pas en faveur du droit, mais de la force dont ils prennent le ton comme si elle leur donnait le droit de commander ». Il estime que réduire le droit à la force, c'est supprimer le droit, et que lorsqu'on réduit le droit à la force, on ne peut plus employer le mot droit, « si ce n'est par ironie, et dans le sens où l'entendait ce prince gaulois, en le définissant : l'avantage que la nature a donné au plus fort de se faire obéir par le plus faible ». « Les droits de l'homme, dit-il encore, doivent être tenus pour sacrés, quelque grands sacrifices que cela puisse coûter au pouvoir qui gouverne... Toute politique doit s'incliner devant le droit. »

Tandis que les pangermanistes déclarent avec Treitschke que tout traité est conclu avec une

réserve mentale, « nul traité de paix, dit Kant,
ne peut être considéré comme tel, si l'on réserve
tacitement quelque sujet de recommencer la
guerre ». Et il blâme certaines idées qu'invoque
la politique, et d'après lesquelles « la véritable
gloire de l'Etat consiste à accroître continuelle-
ment sa puissance, par quelque moyen que ce
soit ». Et il écrit ces mots, vrai soufflet infligé
d'avance à M. de Bethmann-Hollweg dont on
se rappelle les paroles cyniques en plein Reichs-
tag : « Nécessité n'a pas de loi : telle est la
maxime du droit de nécessité, *et pourtant il ne
peut y avoir de nécessité qui rende légitime ce
qui est injuste* (1). » Et ne dirait-on pas vraiment qu'il a prévu Guillaume II et son crime
contre la Belgique et les conséquences de ce
crime, lorsque, condamnant la violation des traités publics : « On peut, dit-il, supposer qu'elle
touche tous les peuples, car leur liberté se trouve
par là menacée, et ils sont ainsi poussés à se
coaliser contre un pareil désordre pour en empêcher le retour ? »

(1) « Si quelqu'un, pour sauver sa propre vie, repousse
un autre naufragé de sa planche, il est tout à fait faux de
dire que la nécessité (physique) où il se trouvait lui en a
donné le droit ; car sauver sa vie n'est qu'un devoir condi-
tionnel (n'est un devoir que quand on peut le faire sans
crime), tandis que c'est un devoir absolu de ne pas l'enlever
à un autre, qui ne m'offense pas, et qui même ne me *met* pas
en danger de perdre la mienne. » (De ce proverbe : cela peut
être bon en théorie, mais ne vaut rien en pratique).

Tandis que le général von Bernhardi trouve scandaleux d'entendre dire que les Etats faibles ont aussi bien le droit de vivre que les nations puissantes et vigoureuses, Kant, pénétré de l'idée de la dignité humaine, considère comme éminemment respectable la plus humble individualité ; l'indépendance du plus petit peuple lui apparaît comme sacrée : « Aucun Etat indépendant (petit ou grand, cela ne fait rien ici) ne peut être acquis par un autre, par voie d'héritage, d'échange, d'achat ou de donation... Un Etat n'est pas, en effet, (comme le sol où il réside) un bien ; c'est une société d'hommes à laquelle ne peut commander et dont ne peut disposer personne, si ce n'est elle-même. Il a, comme une souche, ses propres racines ; et l'incorporer, comme une greffe, à un autre Etat, c'est lui enlever son existence de personne morale pour en faire une chose. »

Tandis que les Allemands, partout où ils peuvent trouver une base d'appui, chez tous les neutres qui leur fournissent des éléments d'action, n'hésitent pas à s'immiscer dans la politique intérieure et cherchent à soulever l'opinion à leur profit avec un mépris absolu des conséquences pour les pays où ils jettent la perturbation, Kant déclare : « Aucun Etat ne doit s'immiscer de force dans la constitution et le gouvernement d'un autre Etat... Les puissances extérieures ne sauraient s'immiscer dans les affaires d'un peuple indépendant de tout autre et luttant contre ses propres maux sans violer ses droits... et sans mettre en péril l'autonomie de tous les Etats. »

Tandis que les autorités allemandes ordonnent aux soldats de pratiquer en pays envahi chez les simples particuliers l'enlèvement méthodique et radical de tous les objets qui paraissent avoir quelque valeur, d'envoyer dans chaque maison un soldat faire l'inventaire et, quelques jours après, des emballeurs qui ne laissent rien derrière eux et qui expédient dans la mère-patrie des trains entiers chargés de dépouilles, « la guerre, prononce Kant, la guerre donne le droit d'imposer à l'ennemi vaincu des fournitures et des contributions, mais non de piller le peuple, c'est-à-dire d'arracher aux particuliers leurs biens (*car ce serait une véritable rapine,* puisque ce n'est pas le peuple vaincu, mais l'Etat, sous la domination duquel il était, qui a fait la guerre par son entremise) ».

Tandis que le Kaiser actuel multiplie avec un burlesque odieux ses hypocrites invocations au Dieu des armées, Kant s'écrie avec une éloquente ironie : « Il ne conviendrait pas mal à un peuple, une fois la guerre terminée et le traité de paix conclu, de s'imposer, à la suite du jour des actions de grâces, un jour de pénitence, pour demander pardon au ciel, au nom de l'Etat, du crime dont le genre humain continue de se ren-

dre coupable en refusant de se soumettre à une
constitution légale qui règle les rapports des
peuples entre eux, et en préférant employer,
dans son amour d'une orgueilleuse indépendance, le moyen barbare de la guerre (qui ne
décide pas pourtant ce que l'on cherche, savoir
le droit de chaque Etat). Les actions de grâces
que l'on rend à Dieu pendant la guerre au sujet
d'une *victoire* remportée, les hymnes qu'on
adresse (à la manière des Israélites) au *Seigneur
des armées,* ne contrastent pas moins avec l'idée
morale du Père de l'humanité ; car, outre
qu'elles attestent une indifférence (assez triste)
touchant la façon dont les peuples poursuivent
leur droit, elles expriment la joie d'avoir tué
bien des hommes et anéanti leur bonheur. »
Tandis que les pangermanistes soutiennent
que dans la guerre, tous les procédés sont légitimes, même les plus répugnants, comme ceux qui
consistent à tromper l'ennemi, en fabriquant de
faux laissez-passer, en s'affublant de ses unifor-
mes, en imitant ses sonneries, en faisant mine
de se rendre, puis, quand il approche sans dé-
fiance, en démasquant soudain une batterie de
canons ou de mitrailleuses, tandis qu'ils organi-
sent un espionnage comme on n'en avait jamais
vu, et cette propagation savante, méthodique, de
fausses nouvelles, dont certaines de leurs agen-
ces se sont fait une spécialité, tandis que leurs
troupes commettent en service commandé les

actes de perfidie, les cruautés indicibles, les
atrocités dont les autorités officielles de la Belgique et de la France constituent après contrôle
méthodique le dossier, tandis que, d'un bout de
l'Allemagne à l'autre, tous les Allemands de
toutes les classes, incapables d'un ressaut de
conscience, ont odieusement célébré comme une
fête le torpillage de la *Lusitania*, l'emploi des
gaz asphyxiants, le bombardement opéré par les
zeppelins, non point sur les forts ou les casernes,
mais sur les maisons particulières, afin de mas-
sacrer le plus grand nombre possible de femmes
et d'enfants, tandis que Maximilien Harden
exhorte ses compatriotes à faire la guerre
« sans merci, sans tenir compte de rien, sans se
soucier des accusations de barbarie » et, pro-
phétisant des violences nouvelles, annonçant une
surenchère de cruautés qui, après les massacres
organisés sur terre et sur mer, ne paraissaient
pas devoir être dépassées, déclare avec son
cynisme coutumier : « *Tous les moyens* seront
employés avec enthousiasme contre ses ennemis
par le peuple allemand ; nous en reviendrons
aux époques sauvages où l'homme était un loup
pour l'homme », Kant pose en principe que
« nul Etat ne doit se permettre, dans une
guerre avec un autre, des hostilités qui ren-
draient impossible, au retour de la paix, la
confiance réciproque, comme, par exemple, l'emploi d'assassins (percussores), d'empoisonneurs

(venefici), la violation d'une capitulation, l'exci-
tation à la trahison (perduellio) dans l'Etat auquel il fait la guerre, etc... Ce sont là de honteux
stratagèmes..., des pratiques infernales, qui sont
infâmes par elles-mêmes... Tous les moyens de
défense sont permis à un Etat à qui l'on fait la
guerre, excepté ceux dont l'emploi rendrait ses
sujets indignes du rang de citoyens ; car alors il
se rendrait lui-même indigne de compter pour
une personne... dans les rapports des Etats... Au
nombre de ces moyens illégitimes, il faut ranger
ceux qui consistent à se servir de ses sujets, ou
même d'étrangers, comme d'espions, d'assassins,
d'empoisonneurs... ou même seulement pour ré-
pandre de fausses nouvelles ; en un mot, tous
les moyens perfides qui détruiraient la confiance, sans laquelle il serait désormais impossible de fonder dans l'avenir une paix durable. »

Voilà jusqu'à quel point Kant a flétri d'avance
non seulement la guerre, mais plus encore que
la guerre, les façons perfides, barbares, inhumaines de la mener. Et ne pouvons-nous pas aussi
recueillir et méditer ses indications profondes et
sages sur les bases de la *paix future ?* Après
avoir parlé de ces peuples qui se coalisent victo-
rieusement contre l'Etat violateur des traités
publics, Kant ajoute : « Leur droit ne va pas
jusqu'à se partager entre eux le pays et à faire
en quelque sorte disparaître un Etat de la terre,
car ce serait une véritable injustice à l'égard du

peuple, qui ne peut perdre son droit originaire à former un Etat. Tout ce qu'ils peuvent faire, c'est de lui imposer une nouvelle constitution qui, par sa nature, réprime le penchant de ce peuple pour la guerre. » Le conseil n'est-il pas à retenir ? Ne devrons-nous pas, nous, les alliés, quand notre force aura fait triompher le droit, changer la constitution prussienne et militariste de l'Allemagne, en tant qu'elle intéresse les autres peuples et la paix du monde ? Et cette Allemagne, prussianisée constitutionnellement, n'aurons-nous pas le droit et le devoir de la déprussianiser ? C'est ainsi que, d'après les principes mêmes de Kant, sur la base du droit, nous réorganiserons l'Europe pour la paix.

En vérité, je ne crois plus avoir besoin de répéter que Kant est complètement étranger et plus qu'étranger, hostile à cet impur développement d'histoire et de philosophie mêlées qui caractérise l'Allemagne actuelle, et que, malgré le cynisme avec lequel les signataires de l'appel des Allemands aux nations civilisées osent revendiquer son héritage, nous pouvons lui conserver en toute sécurité de conscience et notre sympathie et notre admiration. Sachons être équitables, et maintenir en nous l'esprit critique, et le respect de la vérité, comme il convient à des Français. Sachons discerner nos alliés véritables et comprendre que nulle part nous ne trouverons de meilleures armes intellectuelles et morales pour repousser le pangermanisme prussien que chez son grand adversaire qui est Kant. Sachons enfin reconnaître chez Kant l'idéal universel qui demeure celui de l'humanité : les nations sortant de l'état de barbarie sauvage où elles ont vécu et vivent encore, et parvenant à former une société juridique et morale où chaque Etat, si petit soit-il, devra sa pleine sécurité et la jouissance de tous ses droits à une grande fédération de peuples libres, à leurs forces unies dans le respect mutuel de leur dignité morale, à leurs décisions et à leurs actes conformes aux lois souveraines de la justice et de la bonté.

Henri Bois.

CAHORS, IMPRIMERIE COUESLANT. — 18.714

COMMISSION DES CONFÉRENCES

Conférences de la même série en vente à la même librairie.

I
CONTRE L'ALLEMAGNE ACTUELLE

Conférence du 11 mars 1915, EMILE DOUMERGUE, doyen de la Faculté libre de Théologie protestante de Montauban : **L'Empire de la culture : La faute et le châtiment d'un peuple, 1 fr.** — *Librairie générale et protestante, 48, r. de Lille.*

Conférence du 12 mars 1915, HENRI MONNIER, professeur à la Faculté libre de Théologie protestante de Paris : **Le Dieu allemand et la Réforme, 0 fr. 30.** — *Fischbacher, 33, r. de Seine.*

Conférence du 19 mars 1915, JACQUES FLACH, membre de l'Institut, professeur au Collège de France : **La déviation de la justice en Allemagne : la force et le droit, 0 fr. 30.** — *Fischbacher, 33, rue de Seine.*

Conférence du 26 mars 1915, J.-EMILE ROBERTY, pasteur à l'Oratoire du Louvre : **La déviation matérialiste de la civilisation chrétienne : les idées du général von Bernhardi, 0 fr. 30.** — *Fischbacher, 33, rue de Seine.*

II
LE PATRIMOINE HUMAIN
DANS L'ALLEMAGNE D'AUTREFOIS

Conférence du 25 février 1916, JOHN VIÉNOT, professeur à la Faculté libre de Théologie protestante de Paris : **Luther et l'Allemagne, 0 fr. 30.** — *Fischbacher, 33, rue de Seine.*

III
NOTRE ALSACE

Conférence du 28 janvier 1916, JACQUES FLACH : **L'esprit alsacien à travers l'Histoire.** — *Sous presse.*

Conférence du 11 février 1916, CAMILLE JULLIAN, membre de l'Institut, professeur au Collège de France : **Les origines naturelles et les débuts historiques de l'Alsace.** — *Sous presse.*

Conférence du 3 mars 1916, SAMUEL ROCHEBLAVE, professeur à l'Ecole des Beaux-Arts : **Le mausolée du maréchal de Saxe, par J.-B. PIGALLE, 1 fr.** — *Alcan, 108, Bd St-Germain.*

IV
POUR FAIRE MIEUX CONNAITRE, MIEUX COMPRENDRE,
MIEUX AIMER NOS ALLIÉS

Conférence du 26 février 1915, EDOUARD SOULIER, pasteur de la Rédemption : **L'âme de la Russie.** — *Sous presse.*

Conférence du 18 février 1916, EDOUARD SOULIER : **La rénovation d'un peuple anglais : John Wesley.** — *Sous presse.*

CAHORS & ALENÇON, IMPRIMERIES COUESLANT. — 18.778

www.ingramcontent.com/pod-product-compliance
Lightning Source LLC
Chambersburg PA
CBHW060627100426
42744CB00008B/1533